谨以此书
　　纪念抗日战争胜利70周年

抗日参战纪实
KANGRI CANZHAN JISHI

（桐城）李 棠 ◎ 著

版权所有　翻印必究

图书在版编目（CIP）数据

抗日参战纪实/李棠著．—广州：中山大学出版社，2015.2

ISBN 978-7-306-05084-7

Ⅰ.①抗…　Ⅱ.①李…　Ⅲ.①国民党军—抗日战争时期战役战斗—史料　Ⅳ.①E296.93

中国版本图书馆 CIP 数据核字（2014）第 273126 号

出 版 人：王天琪
策划编辑：高惠贞　嵇春霞
责任编辑：嵇春霞
封面设计：曾　斌
责任校对：高惠贞
责任技编：黄少伟
出版发行：中山大学出版社
电　　话：编辑部 020-84110283，84111996，84111997，84113349
　　　　　发行部 020-84111998，84111981，84111160
地　　址：广州市新港西路 135 号
邮　　编：510275　传真：020-84036565
网　　址：http://www.zsup.com.cn　E-mail：zdcbs@mail.sysu.edu.cn
印 刷 者：广东虎彩云印刷有限公司
规　　格：880mm×1230mm　1/32　5.5 印张　112 千字
版次印次：2015 年 2 月第 1 版　2021 年 11 月第 4 次印刷
定　　价：26.00 元

如发现本书因印装质量影响阅读，请与出版社发行部联系调换。

作者

自　序

　　中国以仁道为立国之本，曰"协和万邦"，曰"讲信修睦"。不轻言战，不滥用兵；战则期以止战，兵乃不得已而用之；诚以两军相鏖，决生死于俄顷，赌乾坤于一掷，其事甚危，其情可悯！夫周武以至仁伐至不仁，犹曰"血流漂杵"，遑论其他。此穷兵黩武者之所以见弃于世也。

　　近百年来，吾国不幸，强邻环伺、交相构衅，尤以日本为甚。卢沟之变，与我相持八年之久，顿兵损众，何可胜数！我前线将士以劣势装备，与优势之强敌对抗，抱必死之心，履至危之地。炮空轰击，血肉横飞。角逐于枪林弹雨之中，搏斗于荒墟穷谷之间，惊天地而泣鬼神者，又岂世人尽知之耶？！

　　余于民初就读桐城中学，时值五七、五四运动前后，国人均恨日寇侮我，个人尤为切齿痛心，每读岳飞讨金人文告，恒心焉向往之。毕业后即投笔从戎，企图雪耻报国！

　　七七变作，随军自黔北上，忻口之役，军长郝公、师长刘公同时殉难于南怀化。晴空霹雳！全军缟素。益增敌忾之心。

　　但经四日激烈战斗，伤亡甚重！奉师长孔令：命余统一指挥各团第一线部队继续作战，直至奉令撤退，达十七

日之久。敌板垣师团虽顽强，亦未能越雷池一步。常亲临前线，抚慰将士。每对进犯之敌，必报以坚强之反击，以恢复原阵地。其后躬领师干于湘鄂赣各次大会战，亦莫不亲监督阵，以励士气，因此多能达成任务，以补我装备之劣势，克敌致果。

虽然，其从我驰骋战地之部属。亘抗日战争冗长之岁月，为国家奋不顾身，凌厉无前，断头洞胸，残肢折臂，血染黄沙者，又不知凡几？其精忠报国，正气充塞寰宇，弥足受人尊敬！其死事之壮烈，更令人同情！

日月逾迈，退休林泉，本不欲再谈兵事；顾日本帝国主义，凶焰未杀，每闻鼙鼓，辄深袍泽之思；尤以精忠化碧，壮士虫沙！其人其事，且多湮没不彰，实为后死者之羞也！有感于斯，爰检校旧有资料，就记忆所及，编此一书，冀以慰我殉难而死者于泉壤；兼备史政当局拾遗，补阙云尔，是为序。

（桐城）李棠

一九七八年四月序于台北市

目 录

第二战区　山西战场

晋北忻口会战 …………………………… 2
附图一 …………………………………… 20
附图二 …………………………………… 21
汾西截击战 ……………………………… 22
原平—横岭关伏击战 …………………… 27
附图一 …………………………………… 31

第九战区　鄂南战场

长沙第一次会战 ………………………… 34
附图一 …………………………………… 49
附图二 …………………………………… 50
附图三 …………………………………… 51
冬季攻势 ………………………………… 52
附图一 …………………………………… 57

第九战区　湘北战场

长沙第二次会战	60
附图一	83
附图二	84
附图三	85
长沙第三次会战	86
附图一	106
附图二	107
附图三	108
附图四	109
附图五	110
附图六	111

第九战区　湘南战场

常宁防御战	114
附图一	120
粤汉铁路良田坳上阻击战	121
附图一	126

第九战区　江西战场

赣江追击战	128
附图一	133
《抗日参战纪实》读后（一）　冯静仁 / 134	
《抗日参战纪实》读后（二）　方　毅 / 136	

编后记／156

附录

附录一　韵目代日表／160
附录二　地支纪时法／162

第二战区 山西战场

晋北忻口会战
汾西截击战
原平—横岭关伏击战

晋北忻口会战

参战部队[①]　陆军第九军五十四师一六二旅三二三团
时　　间　民国二十六年（1937年）十月十二日至十一月二日
地　　点　山西省忻县忻口镇云中河沿岸

战斗序列

　　　　　　第九军中将军长郝梦龄
　　　　　　第五十四师中将师长刘家麒
　　　　　　第一六一旅少将旅长孔繁瀛
　　　　　　第三二一团上校团长王藻臣
　　　　　　第三二二团上校团长戴慕贞
　　　　　　第一六二旅少将旅长王普
　　　　　　第三二三团上校团长李棠
　　　　　　第三二四团上校团长陈质彬
　　　　　　炮兵营中校营长
　　　　　　工兵营中校营长
　　　　　　通讯营中校营长
　　　　　　辎重营中校营长
　　　　　　特务营中校营长傅鼎成

[①] 参战部队：是指本次战役作者所在的部队。下同，不再注释。

壹　前言

"七七"宛平枪声，震撼我四亿五千万同胞，倭人对我肆图蚕食鲸吞之祸心，已昭然若揭，而为我赌国家存亡之一战。全国军民莫不义愤填膺，效死报国。

彼时我第九军五十四师正遂行绥靖任务于黔北之桐梓、遵义一带，兼师长郝梦龄将军在庐山受训，旅长孔繁瀛、王普同往，新任师长刘家麒将军甫由陆大特六期毕业，尚滞南京，师长职务由我暂行兼代。

贰　奉命北上

八月二日层奉委座蒋电令："该师著经贵阳—芷江—湘西开汉口附近集结待命。"

此时华北已展开激战，余于奉命后立即率师属各部及各旅团循规定路线向汉口前进。九月初到达汉口之刘家庙集结整顿，新任师长刘将军就地到职。两旅长亦同时返师。

层奉指挥官上官云相自太原来电："塞上风云紧急。"本师使用方面已可判明。本三二三团奉师部命令于九月二十一日登车开石家庄待命。因军运繁忙，迟至月底方抵达。

据通报，敌第五师团板垣部业由秦皇岛登陆，经将我南口方面汤恩伯部阻击排除，正向平型关急进，其先头正与我山西军队接触中。

十月一日，本团奉师部命登车先至太原，再换乘同蒲车开赴晋北原平。不料同蒲车行进迟缓,每小时不过十余公里。兼以敌机往来侦炸,疏散费时,于二日黄昏前方到忻县南约二华里。适有敌机五架由南向北经本团上空北窜。当时余揣敌机有诈,我已疏散之部队倘立即登车进入车站,万一敌机回窜轰炸,必遭严重伤亡。当令各营不必集合上车,俟夜暗再进站登车。果如预料,不及五分钟,敌机竟然回窜,向车站连续投弹数枚,将停靠站上棉花车厢及空车皮数列炸中燃烧;车站服务人员仓皇四散,电线亦遭破坏。本团官兵则以留在站外未遭波及。

余立赶到车站,设法找寻工作人员加以慰勉。比饬迅速修复通讯线路及行车设备。至晚九时许一切恢复正常,比饬站员向原平联络。据云:"晋军姜旅在该镇布防,并无战事。"予又向太原军长郝报告黄昏后忻县车站被炸经过,本团官兵并无伤亡。

奉军长郝电话谕:"适才德顾问史柏曼建议:敌军进展甚速,原平地区无险可守。现正向北输送之三二三团宜在忻口下车,利用山地构筑防线,阻敌南进,掩护后续部队集结。战区朱绶光参谋长已接受建议。贵团改在忻口站下车,并在云中河沿岸构筑防御工事。"

当令站长备车厢三节,车头一列,立即生火,携带修护铁路及电讯器材。

又面令第九连李连长亲率该连官兵登车搜索北进,随时报告沿途情况。到达忻口车站下车,步行至云中河沿岸,对原平方向警戒监视。

午夜,李连长电话报告:"已达云中河南岸,并无任何情况,现正部署警戒中。"

叁 警戒部署

三日凌晨,令团本部及各营连立即登车向忻口镇前进。四日晨四时许抵达。随即面命李连再推进云中河北岸,严密警戒。乃率各营长到云中河北岸下王庄一带侦察地形,随就云中河两岸地形,作深入研究。当即下达阵地占领命令,要旨如下:

1. 敌第五师团先头已达原平姜旅正面,余部正继续跟进中。守原平姜旅方面尚无战事。已在严阵待敌中。

2. 本团决先占领云中河两岸,控制铁公路,掩护我师主力之开进。

3. 第一营立即渡过云中河,进占下王座一带小高地,控制铁公路,且予以破坏,并构筑阵地。非有命令,不得擅自后退。

4. 第二营占领云中河南岸,右起铁道桥(含),左至官庄(含),与第三营衔接,在河岸或山脚构筑坚固工事。

5. 第三营右起官庄(不含),左至金山西无名村。立刻构筑工事,但须尽量选择山脚,力求隐蔽坚固。

6. 团指挥所在云中河南岸铁公路中间小村庄,迩后迁至金山南侧。

古称山西为黄土高原,土质松软,工事易筑,强度不够,乃电请军部由太原购运麻袋,加强要点强度。

四日黄昏。接姜旅长电话云:"自三日晨敌军到达后,

本日黎明敌由北西东三方面展开攻击。战斗愈演愈烈,敌机多架盘旋助战。我官兵凭工事拼战,激烈异常,双方死亡均非常重大。"

自三日晨起,予亲见敌机三架至九架不等,竟日盘旋原平上空侦察轰炸。姜旅如此浴血战斗,实令人钦佩。

七日黄昏前。晋军罗团长率部增援姜旅,由本团阵地越出,颇为姜旅长喜。意谓原平守军兵力增大,战力当然增强。现姜旅在原平等于我军之前进阵地。虽隶属不同,大有休戚相关之感。

九日上午九时许,我师三二一团在晋军装甲车前导下向原平方面威力搜索。在距原平约三华里即发生激烈战斗,敌炮空协力猛击,在平坦地形上势难立足,该团且战且退,下午二时许,在本团掩护下,退回原防。

肆　战斗经过

九日夜九时许,敌战车七辆材料车一辆来犯我下王庄阵地,因我第一营凭深沟沿岸构工据守,敌无法超越。正在徘徊之际,我第二连上等兵王二自告奋勇,携手榴弹四枚潜出阵地,先后炸毁敌战车及材料车各一辆。敌知有备,即拖带被毁战车北窜,材料车着火焚毁。王二奋勇杀敌,力战而死,已为我全团官兵树立赫然典型,自此慷慨赴义、视死如归者踵相接也。

四日来,本师主力逐次到达忻口地区,至九日均已进入阵地完毕。本团战斗境地,经师部划定,阵地正面略为缩小。以官庄—金山阵地为核心，右接三二四团，左接三二二团。本团主阵地既经构筑完成，并令各营速相度地形构筑支阻阵地及预备阵地。期作持久韧强战斗。团指挥所移金山南侧。

十一日晨，敌机五架飞临阵地上空，往复侦察，知为敌攻击前奏。午后，敌机多架复来，并有战车多辆突来阵地前，势甚凶猛。本团适于凌晨配属战防炮二连，寅夜进入下王庄阵地归第一营张清滨营长指挥。一时许，敌开始炮击，我战防炮待敌战车接近至有效距离内，即连续发射十余发，毁敌战车五辆。敌车立即引退。敌炮兵连续向我猛射。我晋军炮兵亦即还击。大战于是揭幕。

当时综合判断：

1. 今天午后敌战车十多辆来袭，当为威力搜索，亦可认为真面目攻击之前奏。

2. 自十日夜午，原平方向枪炮声沉寂，姜旅抵抗似已停止。详情虽不明，但原平已可认为被攻占。

3. 似此，敌对本部进攻当将展开，自无疑问。

4. 师主力在三日前已次第到达，并各就阵地，工事亦当有相当程度。

5. 下王庄前进阵地，由师增派第三二二团三二四团各一营加强，工事已达完成阶段，似不虞敌之突袭。

是日午后三时，兼军长郝、师长刘、旅长孔一同到下王庄前进阵地视察。兼军长为统一指挥前进阵地各营，特面命兼旅长孔繁瀛进驻下王庄统一指挥各营，增强抵抗。

层奉兼军长郝作战命令要旨如下：

1. 以第五师团为主力之敌，有随时进犯本军之势。

2. 原平方面战斗，自昨午夜以来枪炮声沉寂，我姜旅似已放弃抵抗。

3. 本中央兵团军及左（右）兵团军所辖各军师均将陆续到达，共歼来犯之敌。

4. 第五十四师各团于奉令后即于本十一日进入阵地，加强工事，抵抗来犯之敌。

5. 各部队互相协力，消灭战斗地境上死角。

6. 予在忻口镇指挥部。

予于接受命令后，立即召集第二第三营长，迫击炮连长、重机枪连长驰赴阵地作现地指示，除对火力重点之形成详细指导外，还于战斗地境线上相互协力，作绵密之规定。同时，对两营预备阵地地带之选定构筑，亦作详密之规定。并令即行着手构筑，争取时间。士气旺盛，工作努力。

十二日黎明，敌机十余架飞来阵地上空，往复侦察，敌炮随之发射，步兵在炮空掩护下渐次前进。虽全面展开，但仅以一部对本团公路正面攻击。战车十余辆突然出现，我战防炮立即发炮射击，命中率非常准确。敌车亦立即发炮还击，但数分钟内敌车被击中者不下八辆之多。顿时瘫痪，不能行动，余车被迫纷纷后退。斯时敌炮空协力，对我阵地作地毯式猛烈射击。声震原野。我炮亦不示弱，我晋造山炮大小口径百余门，努力还击。阵地上空黄尘飞扬，几乎构成烟幕。敌步兵在这种炮战情形下未敢前进暴露于我阵地前。除在正午至下午二时稍为缓和外，双方炮战直至日没方才停止。

十三日拂晓后，敌全面在空炮掩护下向我猛攻，午前我左邻三二二团大白水南怀化阵地被敌约一加强营以上兵力突破，形势险恶！本团最左翼顿感压迫，不得已向左后弯曲，幸有预备阵地支援，尚能稳定。

同时，兼军长郝立令中央兵团军总预备队之二十一师侯旅增援堵击，但恐缓不济急，立以电话令陈团预备队赵营，本团预备队马连，以最快之跑步向南怀化—大白水地区先行堵击敌之深入。几经猛烈战斗，侯旅亦适时赶到，加强压力，虽不能收复原阵地，亦可堵截敌之扩张，转危为安。

午后二时，我第四连官庄阵地遭敌步炮空猛击，不支，被敌进犯，势甚惊险！予在指挥所得报后，立即命令第二第三营守备阵地各连，只各留一排坚守原阵地，其余部队赶赴第四连官庄阵地后集结，由第三营营长望大同指挥。并传令团部所有官长曾受军训者一律佩戴步枪手枪，士兵各携手榴弹，全归刘副官文樾率领，随余赶赴第四连阵地参加反击。

彼时冲入之敌，正在整顿队势。当即面令第四连王代连长督率该连官兵立刻反扑入侵之敌。并令望营长督队协力反扑。严申军令："如有观望不进者枪决！"在场官兵见余亲临督阵，士气大振，齐声喊杀，震撼林谷。一举冲向进犯阵地之敌。敌不下三百余，遭我优势反复强烈冲杀，伤亡大半，不能立足，狼狈逃窜。我立恢复原阵地，伤亡甚重！敌亦遗尸百余具。

斯时敌机炮集中轰击我阵地,弹雨硝烟,阵地顿为烟雾笼罩。本人立足处前后左右频频着弹,尘土飞扬,全身污染。步机弹亦纷纷散落身旁,嚓嚓作响。其时只知鼓励官兵忠勇杀敌,浑忘一切。幸而夺回原阵地。但在短短时间内我官兵伤亡达一百五十五人之多,能不令人心酸泪落耶?

比令王代连长立即恢复队势,据守原阵地。但以该连伤亡过重,令第五第六连各以一排配属该连作战。令即加强工事,协力固守。

当予驰赴第四连阵地中途遇第二营传令持营旗张皇向后疾走。当问:"齐营长俊杰呢?快找他来!"可是直到阵地夺回后,方来见予。不禁以无耻责之!

又当接到第四连阵地被敌攻破报告时,少校团副常冠瑞立请亲去报告旅长。我想:在此千钧一发之际,不图协力规复阵地,而去做一名传令所做之事,岂不腼颜?中校副团长宋邦纬滞留汉口,实感臂助无人。

既将阵地克复,立将团部官兵及抽调各部官兵集合整理。复率赴团左翼后,相度情势,向威胁团左侧背之敌奋力反击。时届黄昏,敌炮空已停活动,遭我出其不意之反击,张皇失措,向北逃窜。此时,马连已回防。比令团部官兵及二三营各部均回原防,服行原任务。

本日战况,虽险象环生,终能转危为安,谓非幸运!顾予早已自决,宁战死沙场,尽我军人天职,断不能畏惧退缩,有辱人格!平生信念如此,故能临危不乱。每当战事局部恶化时,辄能亲临督战,与官兵共生死!似此多能化险为夷，免致溃败。

十四日、十五日，敌炮空虽依旧协力猛击，步兵亦奋力进攻，但在我炮兵竭力还击、步兵严阵以待之情况下，敌人终未能越雷池一步。双方似陷于胶着状态。本团正面尤以官庄一带经十三日苦战后可说相当平稳。良由抱与阵地共存亡之决心，敌势虽猛，而我能沉着应战也。

十六日晴空霹雳，全军震惊！兼军长郝、师长刘同时殉难！郝刘两公忠贞爱国，极重名节。自戴团阵地（南怀化—大白水）被敌攻占后，引为奇耻大辱。数电请总司令卫立煌增派援军力图收复。卫总司令亦以恢复为重，当派独立第五旅刘廷珍部，于十五日深夜开抵忻口镇。卫总司令、郭寄峤参谋长于十六日凌晨亲临忻口中央兵团指示机宜。期夺回大白水南怀化阵地。部署既定，乃于拂晓前发动反攻；敌第一线猝遭攻击仓皇向北败退。独立第五旅推进颇为顺利。军长郝、师长刘适时到达第一线督战，刘旅长亦陪同前来，因过于接近敌人，被轻机枪火扫射命中，三公同时壮烈成仁，全军悲愤，无义反顾，誓与倭寇偕亡！

郝公曾于本月五日在云中河南岸集合本团军官训话："……高级将领应以身作则。先拼死几位做楷模，才可振人心，作士气……"孔曰："杀身成仁。"孟曰："舍身取义。"国难当头，大丈夫当以全民之楷模自居，以激励后死者。此天地之正气。亦志士仁人革命精神之具体表现也。郝公刘公是民族英雄，而我师在本战役中伤亡十之七八，讫未有退缩者，谓非郝刘二公精诚感召有以致之耶？

其后数日内，晋军杜旅、田旅等各部先后增援，在黎

明前钻隙突击,深入敌阵,占领据点,作顽强战斗,敌炮空虽亦如初期之协力轰击,但以步兵伤亡甚重,且久战疲劳,欲奋乏力,与我形成对峙状态。

为侦知敌情,自十三日起即命令各营第一线连每晚必须选派一排,深入敌阵内实施搜索袭击……经常获得宝贵资料,迫使敌人日没后撤退至第二线阵地,对我夜袭颇存戒心!

因孔旅长升充师长,于十六日黄昏后,将下王庄前进阵地守兵撤回云中河南岸归还建制。我张营伤亡过分重大,营长张清滨负伤后送,副营长郝瑞明阵亡。四位连长三死一伤,士兵健存者不满百人,排长大半为临时升代。当令在团指挥所侧后整理,作为团预备队。

第二第三营坚守本阵地已逾数日,官兵伤亡颇重,多年袍泽,如此牺牲惨重,思之黯然。在每天早晨巡查阵地时尚曾见面,而在夜晚即无。或夜晚曾见,而凌晨又已殉难。而正面敌人依然虎视眈眈。我守兵日渐稀薄,不唯伤悼死者,亦深为战事前途担忧。唯思及国难严重,及先军长郝公之遗训,凛然不觉义愤填膺,又置生死于度外。还有什么可忧虑的呢?

十七日师长命令:"本师现仍守备原阵地,所有各团营第一线部队官兵统归李团长棠指挥,继续作战。"如此,责任加重,亦幸能获得杀敌报国良机。

二十四日,在敌炽盛火力下,我师官兵有出入意外之伤亡,第三二二团以阵地被敌攻破,伤亡众多,戴团长亦负伤后送,早于十七日撤回师部附近整理。第三二一团王藻臣团长负伤后送,由副团长陈子扬代理,伤亡虽重,仍守云中河正面。第三二四团亦以伤亡过大,编成一个营,仍守原阵地,团长陈质彬则留师部。

连日来敌炮空协同轰击,步兵逐次进逼,虽无重大突破,但我敌均有相当伤亡,亦有局部被迫退守预备阵地者。因此,我敌形成犬牙交错状态。此时,我对敌步兵作战每能大胆地勇敢还击,唯对敌炮空轰击,有恨之刺骨之感!常切盼我空军临空一壮声威,若大旱之望云霓也!

二十八日,冯钦哉将军之四十二师一二六旅一个营增援本师防线,但拒绝接防,只许伍间增加,混合作战,服从指挥。在久战兵疲之情况下,友人挥拳相助,有不欣然色喜者乎!

因相持日久,近来顽敌日夜均在积极以对壕作业进攻,我守兵常隔胸墙与已进入外壕之敌作枪刺争夺战。双方伤亡均重,战线守兵日见减少。

现每晚出击兵力减为一班,在敌遗尸身上搜出日记簿中载有:板垣第五师团由秦皇岛登陆,越南口进平型关,下原平,进攻忻口阵地。原每连成员二四〇余,但经二十多日激烈战斗,伤亡重大。至今已七次增员,其旧有士兵每连健存者只三四十名不等。足见敌之伤亡同样惨重。

最近数日,敌步兵白天利用炮空掩护向我进攻,夜晚亦以作业向我近迫。甚或进入我外壕,遭我守兵以手榴弹粉碎。甚有一枚手榴弹毁敌多达四五人之多。或隔胸墙与我守兵格斗,被我守兵奋勇格杀。我第六连上士单文方曾在数日内夺得六五步枪三支,擢升中尉排长。诸如此类数见不鲜，足见战斗惨烈。

双方阵地不但距离接近，而且犬牙交错。本团指挥所距第一线数十公尺而已。所幸黄土高原土裂沟宽深，纵横交错，敌不能如意超越，此亦天助我也。

这时指挥所位置虽然接近第一线，有便于指挥之利。但交通通讯行动极为不便。因此，传令兵通讯兵之伤亡特大。可是，在久战兵疲而伤亡日大之情况下，指挥位置如做适当调整，极易影响士气，有牵一发动全身之虑。只有硬撑到底，以待最后时机之到来。

久处战地，内心常作种种遐想：默察战局，伤亡既然如此严重，固然可忧。而且不事补充，仍采取纯守势作战，更为可虑，亦犯兵家之大忌！自古中外战争未有坚持守势作战而可获得胜利者。此时，我战区当局应不忘攻势，才是取胜之道。因此，我认为高级指挥官应调集优势陆空兵力，在敌侧背转移攻势，给敌以铁锤之一击！即或不能收到歼灭敌人之效果，亦可迫令敌全线后退，另图抵抗，方可求取决战之胜利，方是至当之行动。

十一月二日，僵持消耗战又数日之久，敌炮空依旧炸射，步兵不断近迫攻击，阵地上硝烟笼罩，黄尘弥漫，风悲日曛。极尽战场悲壮之气氛，真令人无法预期战局之前途。

下午五时接师长电话："立派妥员到师部接受命令。"当派朱副官耀庭速赶赴忻口镇师部接受命令。在朱副官出发之瞬间，冯部配属之一营即行集合撤离阵地。团指挥所距师不下二十华里，往返必须四小时以上，约晚九时朱副官返部。命令大意："日没后撤离阵地，两日内后退青龙镇。"立即以最快速度通知各团及本团所属各营连开始行动。俟我各部撤离阵地行抵公路时，已异常沉寂，只见靠山之一边散置晋军装甲车三五辆，料系防阻敌人追击，借作掩护耳。

行至忻口镇，镇门已被废物堵塞，费了相当时间，才将废物排除通过，也不见师部留人联络，真令人不解！幸敌人亦以长期剧战疲劳，未派队追击，否则必招致不幸后果！

在镇南端稍停片刻，饬各部略加整顿，确实掌握，再向预定目标前进。此时，北望战地，山冈起伏，沉寂无声，但见繁星点点，交映于灰暗残垒间，凭吊忠魂。

十一月四日十四时抵青龙镇北端，奉师长命令要旨，如下：

1. 敌情如贵官所知。我二十一师据守石灵关，至明五日正午即行撤守，向南转进。

2. 本师奉令守备青龙镇，应于五日午前完成野战工事，准备战斗，坚守至六日午夜。

3. 第一六一旅为右地区队，守备公路正面及其以东地区；第三二三团为左地区队守备公路（不含）以东接第一六一旅左翼，向西延伸至高坎地带。均应立即构工，坚决拒止来犯之敌。

战斗地境，为公路西侧向南延伸之线。线上属第一六一旅，但应协力守御。

4. 战防炮配属于右地区队。

5. 第一六二旅"欠三二三团"为师预备队，在师部附近。

6. 师指挥部设青龙镇西南端。

予受命后几忘兼旬战斗疲劳，立即传令各营、连长集合，就现地指示地形下达命令。要旨如下：

1. 师奉令守备青龙镇至六日晚方可向南转移阵地。如敌来犯，务坚持拒止至六日午夜。

2. 第一六一旅守备公路及其以东地区为右地区队。

3. 本团为左地区队，守备公路（不含）以西，右接第一六一旅，左翼向西至高坎。正面（约二千公尺）平分为二、三营守备地区。第二营在右，第三营在左。立即着手构工，应沿高台地边缘建筑野战工事。

4. 第一营为预备队，暂在团指挥所右后附近。

5. 团指挥所在青龙镇西北角民宅。

6. 通讯连即向各营部架线。

六日午后三时许，敌机沿公路由北向南侦察，战车十余辆缓缓向南行进。我战防炮开始发射，敌战车炮立即还击。敌机应声参战加入战斗，步兵由汽车输送蜂拥而至，战斗立即展开，敌炮亦鱼贯达到。炮空协力，原野为之震撼。战防炮被破坏，移时第一六一旅阵地即被突破。敌蜂拥进入镇内。第一六一旅被迫转进，师部未曾通知，立即向西退却。我团右翼被围，本指挥所通路亦被切断，势甚危急。立饬预备队向敌突击，方能打开困境，向左后小高地转移。情况变化甚速者，实由于一六一旅脱离战场太早耳。

当团转移小高地时，师部及其直属部队已远离青龙镇向正南方行进。当即下令。按第二营团本部第三营第一营顺序，循师部撤退方向前进。

是日黄昏后行抵太原城西北，距城十余华里，只见环城烈焰冲天，火光熊熊，照耀十里外汾河两岸如同白昼。曾指火光自语："数千年名城，而今付之一炬，哀哉劫数！"该河架有浮桥。停留良久，全团渡过该河。师部并未派员联络。茫茫黑夜，将欲何之？但各军师失散官兵络绎于途。遇晋军官长一员询知，循此道可达交城。而后循公路可到临汾。由此晓行夜宿，约六日到交城，又三日到临汾。谒总司令卫，方知师部已过临汾一日。并奉面谕："已令贵师在河津整补，可即直赴河津报到。"十六日到达河津。

全团舍营于东郊地区。

翌晨集合全体官兵于河津东门国小操场清点人数：

（1）营长副营长仅存三人。

（2）连长仅存四人。

（3）排长大半临时升代。

（4）士兵健存者三四三人。

（5）团部通讯兵传令兵、伙夫十之八九伤亡。

伍　检讨

1. 忻口在晋北方面来说，可称为第二道国防要线。虽不能与平型关、雁门关比险，但群山绵亘于东西南三方

面，将敌局限于袋形地区内，迫使其只能采取中央突破，绝难实施包围攻击。如此天然优胜形势，若能预筑坚固工事，虽敌以优势炮空临之，我亦可减少损害，维持较长时间，使敌必须付出最高代价方可攻破。尤以我初期作战伤亡不会有如此之巨。

据闻中央早拨百万巨款给晋省当局作为构筑工事之用。但在我们到达时，只见忻口到云中河通路靠山之左侧修建十多个防空洞而已，至于云中河正面沿山一带毫无工事踪迹。噫！有此专款，而不用于所当用，惜哉？

2. 装备过于劣势：我师步兵连仅有轻机枪六挺，每营只有重机枪一连（四挺）。团部迫击炮亦仅有八二炮四门，重机枪连亦仅有重机枪四挺。而七九步枪每连亦只六十支左右。炮兵防空武器等更是阙如。以此与日寇现代化装备为敌，无怪只能采纯守势，而招致重大伤亡。有如此次坚守原平之姜旅，自十月四日至十日死守一周。据闻仅有数人逃出。其所有官兵及增援之罗团全部殉难，是其例证。

3. 我师官兵士气旺盛，其效死报国之精神，实渊源于悠久博大深厚的文化传统。与先军长师长成仁取义之感召，故在敌军优势炮火轰击之下，尚能坚守阵地，决不后退。

4. 敌军作战，依循原则。以其炮空地面之立体火力之配合，加于我军仅依临时野战工事之坚守。实赖我官兵咸抱我不战死、敌不得逞之决心有以维系之也。前在台湾石牌任教之日本首席教官柏中将曾评论：忻口之战，是中国军队武士道精神最佳表现。非虚语也。

5. 军队之素质，恒以教育、体能、经验、技能、战斗精神为基础。本师干部多系军校生或中央军官训练班，班长全是师训练班、上等兵全是团军士训练班毕业。故在精神、战技、体能及对守土杀敌之责，深受陶冶。况日寇自五七、五四、九一八以来对我国极尽欺凌侮辱！我全国人民已恨之入骨！同仇敌忾心之养成，尤为奋战拼命之原动力！

（附图二张）

附图一

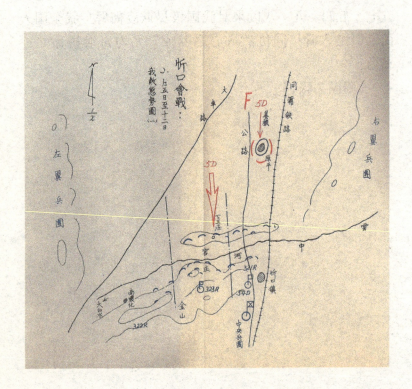

附图二

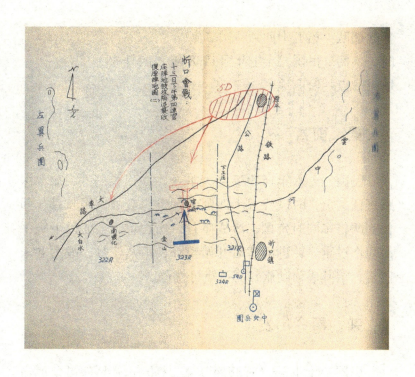

汾西截击战

参战部队　第五十四师一六二旅
时　　间　民国二十七年（1938年）四月初
地　　点　汾西地区

壹　前言

民国二十六年（1937年）底予奉命出长一六二旅，深感责任加重，时以我五十四师参加忻口会战，军长郝、师长刘两将军同时殉国，激战匝月，伤亡重大，尤以下级干部死伤过重。转进河津后开始整补，甫及三月，战力并未恢复，求其成为劲旅，非一蹴可就也。

贰　奉令出发

民国二十七年（1938年）三月下旬层奉总司令卫命令，要旨如下：

1. 当面敌为第二十师团，南侵活动日益显著；另约一联队之敌，似向汾西方面移动中。

2. 第五十四师即循稷山—新绛—临汾道向汾西地区前进，阻击来犯之敌，掩护我主力左侧。限三月底以前到达。

3. 本旅遵限于三月三十一日到达汾西地区集结待命。

叁　战斗经过

奉师长孔世戌命令，要旨如下：

1. 敌情如另纸。

2. 师以掩护临汾主力侧背之目的，策定作战部署如下：

（1）陈旅于明四月一日凌晨，向竹垞子方面急进，对南下之敌，猛烈阻击。

（2）贵旅（欠第三二四团）于明四月一日晨，向陈家埝东北地区前进，预期对来犯之敌，予以阻击，协力陈旅作战。

（3）贵旅三二四团归师部指挥，担任陈家垣附近警戒。

（4）师指挥所在陈家垣北端。

基于师世戌命令下达出发命令如下：

1. 敌情如贵官所知。

2. 旅遵师世戌命令于明四月一日早六时出发，向陈家埝前进，阻击来犯之敌，协助陈旅作战。

（1）张团（欠第三营）向陈家埝搜索前进，阻击南犯之敌，务于早七时前出发。

（2）旅长率张团第三营在张团后约一千公尺后跟进。

本旅三二四团归师部指挥在陈家垣附近警戒。

约八时顷，正行进间，遥闻前方浓密枪声。据报告：

不下千余之敌纵队突自左侧纵谷大道窜出，向张团队尾侧背射击，张团第二营小有损伤，实出意外。闻讯后立即令第三营就地展开，向敌攻击，以资牵制。但敌且战且向东南窜犯，我跟踪追击，直至午后二时停止。

在战斗时最令人恼怒者，亲见新兵多半不知使用武器，更不知发扬武器效力为何？新兵射击，且有将枪支顶在头上射击者，更有伏在地上将臀部撅起而头部则尽力贴在地上，做驼鸟避人状。这样顾头不合要求的卧姿，真是令人气愤！盖因新兵猝遇枪炮弹交织发射，身心受到震慑，已无主宰。因此，干部随时纠正，不免随时移动，以致官长伤亡大增，令人寒心！

接师部电话："一六一旅方面并未遇敌，正在竹垞附近警戒中，预定下午四时后回防。"今敌既窜经陈家埂方面，威胁临汾我主力。师部敌情搜集如此疏忽，实犯极大错误！

肆 检讨

1. 敌情不明：旅于三月三十一日黄昏抵汾西附近，对地形无暇察看，师之指示敌情，又欠翔实。致有仓猝遇敌情事。招致无谓伤亡！实可惜也。可为殷鉴！

2. 此次军长郭特派军参谋长符君到师协助，而对敌情亦竟欠明了！

3. 汾西地形颇为特殊，高地连绵，中多纵谷大道，非至接近，不易发觉。故敌突然窜犯致遭损失者，原因在此。鉴于此，前卫前进时应做广正面搜索，才能及早发见敌人，方不致猝遇突袭。

伍　改进建议

1. 凡经长时间激烈战斗之部队，其伤亡超过三分之二以上者，虽经补足新兵，其整训时间应予加长，不少于六个月以上，否则不令参战。语云："艺高人胆大。"如战技未能娴熟，遇敌必张皇失措。虽有武器在手，亦不知如何利用，遑言发扬武器威力。焉得不偾事而表、身耶？凡是战技，必须待时间来磨炼，所谓六个月训练时间，盖言最低限度之要求；尤须有经验之干部，善于教导，方可达到训练之目的。否则必致误事。

2. 谍报为军队之耳目，作战时不能明察敌情，就是盲目行动，必有猝遭意外之虞，等于"盲人骑瞎马，夜半临深池"。其不覆败者几稀。

3. 予认为，不但师部应充实谍探组织，就是旅团亦宜设置，特其范围较小耳。部队在机动间最须明了前进地区情况，方不致被敌暗算。即使在驻防区域，亦须全面了解四周环境安全，未雨绸缪，方可获致平静。

同时，师谍探范围，应求广阔，其搜索范围不宜限于前方，左右后任何方向都要搜索，方不致有误。至于旅搜索范围，可暂定为五十公里之内，团的搜索范围，则可定为三十公里以内，如有特别情事，由旅、团长临时规定之。

若其编组，事关经费，但为作战需要，未可过于重

视。在我认为,旅可常设谍员二十名,团可常设谍员十五名,如有必需,可临时选充。但务信赏必罚!励有功而惩奸诈。例如,汾西陈家埝之役,旅团果有谍探组织,则旅团在三月三十一日下午日没时可将谍探派出搜索,则在四月一日早部队向陈家埝前进时,已明敌人行动方向,决不至于猝遭侧击,而可预为部署准备也。

原平—横岭关伏击战

参战部队 陆军第五十四师一六二旅
时　　间 民国二十七年（1938年）八月至九月初旬
地　　点 原平—横岭关地区

壹　前言

我五十四师自汾西转进小船窝，受到层峰斥责，遂移驻师家滩附近。八月奉总司令卫庚世命令进驻新绛之鼓山。在此数月间，我积极整补训练，期成劲旅。

贰　占领阵地

层奉总司令卫庚世命令，要旨如下：

1. 敌一〇八师团之一旅正在原平附近被我八十三师等部包围攻击中。

2. 贵旅应于三日到达原平附近，协助围击当面之敌。

本旅遵令于九月一日晨自新绛鼓山附近出发。

九月二日黄昏时分，到达原平镇北，在先遣参谋接受八十三师副师长指示任务后，即于夜色苍茫中部署进入阵地，并与友军联系，防止敌之突击。

翌晨,对敌情地形,注意观察,粗觉明了;对部署做适当之调整,期以适应战斗。

此时,以当面敌经数日战斗龟缩阵地内,似在等待增援补充模样。但敌机仍不断盘旋我军上空侦察并投弹。我军防空仅有机枪对空射击小组,使敌机不敢低飞投弹。因此,对据守之敌,只以血肉冲击,难收歼灭效果,而敌似亦以飞机攻击为上策。

四日凌晨,当面之敌,自友军阵地内钻隙向东南潜逃,除由友军追击,本旅奉命向横岭关西侧地区前进待命。

旅自到横岭关西方后即行整理,并向各方搜索敌情。

叁 奉命备战

十日晨,奉总司令卫电令:"约有敌一支队,人数不详,自横店方面向横岭关方向前进中。该旅应把握机会,适时痛击之,具报。"

又接谍探报告,综合研究:向横岭关行进之敌,约有千余,骡马颇多,不下二三百头,载运辎重行李。荷枪步兵五百余。似是辎重部队。

除饬增强搜索监视敌人行动外,并集合营团军官研究歼敌之策。就横岭关形势来说:其东西两侧皆为山地,均有相当高度,多为峭壁,不易攀登。关口北向,路宽为三至五公尺不等,纵长十余华里,形成隘路,逐次向南倾斜。北通侯马,南通垣曲大道。隘路两侧除三五处比较倾斜稍缓须构工补助外,余均不易攀登。斯诚当面敌埋葬之地。

肆 战斗部署

侦察结果,决心迎击南来之敌。部署如下:

1. 第三二三团任关北口沿隘路西方高地至南方出口地区攻击部队,且派一部进出隘路口北方警戒。俟敌接近,佯攻诱敌进入隘路。

2. 第三二四团(欠第三营)任隘路东面攻击部队。其第三营为旅预备队,控制于出口西侧后。各部行动应极力隐匿,须于十三日黎明前部署完毕。

3. 俟敌大部进入隘路后,由本部以信号枪弹发射,同时开始攻击。务必东西协力,歼敌于隘路内。

伍 战斗经过

九月十三日近午,敌先头逐次接近,对我警戒部队奋力攻击,后续跟进,进展甚速,一举冲进隘路。十三时许,我两侧攻击部队在信号枪指示下奋起攻击,敌虽在飞机掩护轰炸下,狼奔豕突,伤亡重大;我火力猛烈,尤以手榴弹杀伤力大。不但骡马死亡续出,行李辎重尤易中弹着火燃烧。战斗终止,已至日暮。仅有百余敌兵在敌机掩护下拼死冲出隘路。我截获可用骡马三十余匹,生俘寇兵三十一名,但因抵死不降,始终以刺刀抗拒、拼斗!最后均经自绝!隘路内到处都是人畜尸体,不下五百余,亦殊

可悯！同时夺获机步枪二百余件，子弹服装食物等甚多。判明被歼之敌为一〇八师团七八旅团辎重队。

我三二三团第六连黄宗周连长夺得少将旅长尼军服一套，送给本人作为纪念。经将战斗结果电报，深蒙总司令卫来电嘉勉！

陆 检讨

1. 我无防空装备，敌机可低飞扫射掩护；否则，焉有漏网之鱼，生出隘路口。

2. 敌军轻视我装备太差，多取中央突破战略。被我诱入隘路，遭受伏击。赖有飞机扫射掩护制压，始有一部分兔脱，亦云幸矣！

（附图一张）

附图一

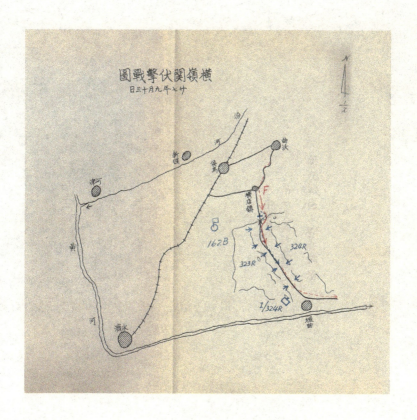

第九战区 鄂南战场

长沙第一次会战
冬季攻势

长沙第一次会战

参战部队 陆军第一四〇师
时　　间 民国二十八年（1939年）九月二十二日—十月十日
地　　点：湘鄂边区九岭—桃树港地区

战斗序列

　　　　陆军第一四〇师中将师长李棠
　　　　第四一八团上校团长张涛
　　　　第四一九团上校团长徐定远
　　　　第四二〇团上校团长牟龙光
　　　　补充团上校团长何希濂
　　　　炮兵营中校营长宋希平
　　　　工兵营中校营长郭克俄
　　　　特务连少校连长沈有璧
　　　　兼卫生队中校队长蔡心龙
　　　　野战医院中校院长吴步进

壹 "敌情　友军"

1. 奉层峰通报：敌第五、第六、第三、第十三师团等部自七月初旬以来，即分由武汉方面向岳阳附近地区集结中，大有进犯长沙之势。

2. 我第四军、第三十七军（欠第一四〇师）、第二十军第九十九军等经奉第九战区司令长官薛命令，在湘北正面汨罗江沿岸布防，准备消灭来犯之敌。

3. 本师正面通城之敌，自七月初旬开始活动频繁，尤以崇阳方面迄其以南地区屡有部队增加。

我搜索队随时均有报告：迄九月中旬，敌先后集结该方面步骑炮各兵种不下万余之众。其进犯本师企图，益形显著。曾经迭电报告层峰。

贰　部署

本师于七月初奉总司令关命令：以一个团留驻平江一带督导破路，其余自汨罗江长乐街防区进驻南江桥附近，归九十二军李军长指挥。七月十五日奉军长李命令：贵师推进一团接替第二十一师通城以南九岭至鱼牙口防务。

当令张团开通城南方接替阵地守备任务，师部及各部仍留驻南江桥附近待命。

七月下旬，牟团（欠一营），奉令开南江桥归建。

八月中旬李军长转任山东挺进军，本师改归七十九军夏军长指挥。

当以大敌压境，战机迫切，若待敌攻势开始，不免坐失准备时机。随迭电请求层峰将驻南江桥之师部及各部队推进高桥附近，俾便就近部署，以备万一。

旋奉令：师全部进驻高桥一带准备作战。召集全师团营长登张团防守地区高地（通城南门外），自左向右，作全面地形侦察。

当由张团阵地最左翼九岭附近，向右（东）侦察，直至鱼牙口。该地段虽嫌正面稍宽，但地势陡峻，如由通城方面向南进攻，不免有仰攻之难。我军居高临下，可以及时歼灭。比令张团须因应地形突出部构筑侧防工事，消灭死角，并在峰顶宽广地区构筑预备阵地，以免被敌一举突破。如此，该地段阵地虽稍宽，经此补救，当可作坚强抵抗。

继续向东沿山地带仔细侦察，并指示构工要领。山势忽然终止，其右前一昇峰突起，向北纵走，俗名鸡笼山，约长里许，其右（东）皆为丛林不齐地。其右后则三二二高地。而三二二高地右侧后则为王芽尖，较三二二为高大。再东则为苦竹岭。而苦竹岭之东侧，则为高峻之师古尖。立在鸡笼山顶转向右后观察，三二二高地及王芽尖恰为对北防御阵地三支骨干，坚强据守这三点，即形成半侧面阵地。敌欲经鸡笼山—三二二高地—南楼大道进出桃树港，殊非易事。敌进犯方向被我窥破，我控制该地区内之地利，占领地形骨干，虏已在我掌中矣！于是面示各团长：张团阵地险峻，无须用太大兵力，务控制强大预备队，以备机动。徐团以有力之一部占领鸡笼山，并以一连占领该山以东丛林不齐地带，并以四一九团一营占领三二二高地，牟团以一营占领王芽尖。这样以鸡笼山、王芽尖为左右两翼坚固据点，以一营占据三二二为阵地中坚，形成有利之半侧面阵地。敌虽有炮空协力，亦不易攻破。牟团主力控制于三二二高地之左后为师预备队，随时因应战况策应作战，以便作持久之韧强战斗。迫击炮营以一部在三二二之右侧，主力位于三二二之左前方，以便支援鸡笼山方面之作战。

地形侦察完毕，部署随之策定，当面令各团营依此指示部署构筑工事。

九月中旬以来，崇阳之敌，每乘夜暗逐次向高冲以南地区移动，已逾八千之众，并封锁交通，行人准入不准出。如此，敌人即将发动攻势，已是指顾间事。

叁 战斗经过

二十二日晨，敌大军压境，而又密云不雨，颇费猜疑。乃令徐团张团各派一部向敌实行威力搜索，被敌猛烈火力反击，未能深入。约战二时许，即成对峙状态。

午后一时许，敌骑兵二百余突自翼侧向我徐团丛林攻击，来势凶猛，我警戒部队以步机枪火强烈阻击，敌骑无法驰骋突袭。激战移时，颇有伤亡，即行回窜。如此，大战爆发，乃旦夕间事。入暮，各部不待命令即自动加强工事，构筑预备阵地，期能韧强持久。尤以对阵地内要点，构筑鳞形工事，俾能逐次坚强阻击，防止敌之深入，伺机恢复攻击，夺回原阵地。

二十三日天明后，敌机十多架凌空往复侦察。八时许，敌部队在我阵地前展开，炮兵开始向我阵地发射，敌

机亦参加轰炸。九时顷,敌步兵在炮空掩护下逐次向我阵地移动,我迫击炮重机枪俟敌步兵近接至有效射程内,亦开始发射,竭力阻滞敌之前进,敌炮空协力,炸射愈猛烈,敌步兵愈努力近迫。我火力亦愈加强,尤以据点争夺时战斗更形惨烈。我敌伤亡也愈增大。近午敌迫近战壕,我以手榴弹投掷,隔胸墙以白刃相搏,拼死顽抗。敌死伤过重,攻势顿挫。

正午顷,奉军部转长官部命令:"第一四〇师与第一三三师战斗地境,为桃树港——苦竹岭——师古尖之线,线上属第一三三师。仰遵照。"

午后二时许,敌攻击再兴,对我阵地轴翼鸡笼山攻击更加惨烈。徐团阵地全为硝烟弹雨所笼罩,战斗激烈,伤亡惨重。虽曾一再增援,在黄昏前该山前半部却被敌攻占,但仍坚守该山后半部预备阵地,与敌对峙。其鸡笼山以东之丛林不齐地带前进阵地,经与敌以激战取得相当代价后,自动转入三二二高地前之预备阵地,再事战斗。

徐团九连以坚决战斗,伤亡过半!鸡笼山前半既陷敌手,则三二二高地及王芽尖阵地显为敌炮空协力炸射目标。隆隆之声,震撼陵谷。我守兵严阵以待,敌步兵冒炽盛机步枪火向我阵地近接,伤亡续增,攻击又形顿挫。移时日已低垂,大地渐为夜幕笼罩。

以鸡笼山为我阵地左翼轴心坚固据点。如任其失陷,影响往后作战甚大!当令徐团长应不计代价,利用夜暗敌炮空不能协力时,奋力夺回原阵地。

夜亥前部署完成,以傅营七八连协力第九连实行强袭，敌抵抗顽强，反复冲杀，极为惨烈，于拂晓前夺回鸡笼山原阵地。敌于伤亡重大下，残敌二百余狼狈北窜，遗尸九十余具。我九连连长曾立仁身先士卒，壮烈成仁！我阵亡官兵一百三十一人之多。同时在敌人尸体上搜获文件证明当面敌为三十三师团甘柏部，与搜索连所获情报吻合。

二十四日，天明后敌机多架盘旋侦察，敌炮二十余门在飞机观测下开始发射，敌大队步兵在我全正面展开接近，估计在八千名以上。敌向我猛扑，我亦发扬所有火力，凭既设阵地，阻击敌之迫近，期消灭于我阵地前。

至午前敌攻势激烈已臻高潮，我虽拼死抵抗，三二二高地顿呈危殆。当立抽调张团主力迅速增援，奋力冲杀，激战多时，方将进攻之敌遏止，转危为安。

王芽尖、鸡笼山方面敌进攻相当激烈，我官兵咸抱与阵地共存亡之决心，拼死战斗。

正午以后，鸡笼山北部阵地，又被敌人之炮空协力炸射，我工事几被夷平。继优势被敌冲击，徐团傅营虽拼死奋战，终难免阵地沦陷之悲运。只得退守该山南半部，伺机再图恢复。

王芽尖郭营及三二二高地守兵同样遭受敌重大压力，但以我守兵坚决奋战、寸土必争，虽有部分阵地被侵占，又被立即增援部队夺回，迄日没时我敌仍在对峙中。

黄昏届临，电令徐团长抽调可调之兵力，在午夜前再度袭击占领鸡笼山之敌，决死夺回既失阵地。予于日没后由文家山指挥部亲至鸡笼山南麓视察，面令傅营长亲自督饬袭击，对官兵极力鼓励，以尽军人报国之职。只许成功。

徐团长抽调足够之兵力，于夜亥完成部署，立即以凌厉之行动，一举突入敌阵。敌守兵三百余，以我军拼死冲杀，反复奋战杀声震野。敌于猛烈抵抗后，被冲击零乱，不支，向北溃窜。敌我死伤均重。我再度夺回鸡笼山原阵地。傅营长忠勇可嘉，除升傅营长鼎成为中校营长外，发官兵奖金二千元，以示奖励。

默察二日间战斗情势，敌主力似保持在中央，有突破我阵地意图，以打通桃树港—南楼岭—三二二高地，以便向南窜犯。

按占领侧面阵地作战指导原则，坚守轴翼，将敌主力诱导变换正面向口袋形攻击。守者立以主力向攻者侧背转移攻势。今我占领半侧面阵地，似不能适用一般原则。以敌兵力似较我优势，且敌有飞机炮兵可控制战场，我则仅有步兵，倘对之采取攻势，必致损失重大。筹思良久，别无善策。

所幸者我阵地地形良好，尚可利用，辅以工事，当可节省兵力，以少制众，且可持久抵抗。敌在持久未逞，势必别寻出路。

乃立命："牟团即刻以主力开赴当铺东西地区，限二十五日凌晨开始实施工事，于拂晓前完成野战工事，支援第一线作战。"此亦未雨绸缪也。

二十五日拂晓后，敌机多架依旧飞来阵地上空盘旋侦察，协力炮兵炸射，掩护步兵向我猛攻，其主力似指向三二二高地及王芽尖地区。炮空肆虐，谷啸山鸣。敌豕突狼奔，向我猛烈突击。我守兵除发扬火力至最高度外，白刃与手榴弹互用，誓与阵地共存亡。敌伤亡至为惨重。

近午，郭营长告急，立令牟团派一营驰援，情势方告稳定。敌攻势顿挫。

午后二时许，敌企图向当铺方面渗透，被牟团周营阻击，陷于四面苦战，死伤重大。黄昏届临，战斗方渐停止。而鸡笼山方面本日战事反见和缓。

当正午全线正在激战时，接军部曾参谋长电话："军长命令：贵师应立即以现态势，作横方向向右（东）移动，主力保持在右翼。其原为贵师张团守备之阵地，由九十八师派队接替具报。"奉电之余，异常惊愕！

随答以："战斗正在激烈进行中，尤以敌炮空协力炸射之际，部队做横方向移动，不但困难，尤有在瞬间招致歼灭之悲运！但以责任重大，应请军长下达笔记命令，以便遵办。或者延至日没后再议。如何？"但无答复。至日暮后，接曾参谋长电话，"长官薛已有指示，贵师仍守备原阵地。"至此，这件事虽暂告一段落，但其影响及于将来至巨！

日没后，仔细寻思，本日战争敌军好像凶恶的大鲨鱼进入我网，东冲西突。因我封锁极为严密，得不到南行通路。综合三日攻击，全遭碰壁苦果，必将另寻出路，今夜明晨，苦竹岭方面当为攻击目标。以此质之参谋主任程奎朗，彼亦谓然。

二十六日凌晨，苦竹岭方面发生浓密枪声。当向第一线各部队查询，答谓敌大部队逐次向东边移动中，随即电报层峰。

我右邻兵团系一三三师李团防守苦竹岭,被敌于凌晨突破;拂晓后,敌先头已窜犯桃树港,并有一部进占南楼岭之隘口,期掩护桃树港侧背。似此,本师右侧背受到很大威胁,不得不调整部署。

立令支援郭营之牟团周营即刻归建,其留驻平江之吉营,亦于本日凌晨前归来。当给牟团长命令,要旨如下:

1. 立即派兵二营,右翼依托盖文岭,面向东南,向进犯南楼岭之敌攻击。务将该敌驱逐于南楼岭隘口之外,而坚固据守之。

2. 该团并应扼要占领白米山—盖文岭高地,掩护师之侧背。

本日十三时,据报:窜据南楼岭之敌,与陆续到达者不下六百之众。抵抗顽强,尚有后续部队到来,攻击甚少进展。

十四时,奉军长电话:"已令九十八师派骆营支援贵师作战……"当以牟团方面正需增援,立令骆营径到白米山附近,归牟团长指挥。

继思窜据南楼岭之敌有后续部队,即不可不尽快予以消灭,免滋壮大。乃令骆营参加攻击。

天明后,鸡笼山、三二二高地、王芽尖各主要阵地当面之敌即无显著活动。敌机虽不断在阵地上空飞行侦察,但投弹已大为减少,敌炮发射,亦不如昨日猛烈,步兵更无积极攻击行动。我已连日激战,官兵疲劳,故未做过分要求,战斗虽未全盘停止,但无激烈冲击,我敌双方形成对峙状态。直至日没,并无激战。

黄昏后，据牟团长报告："南楼岭之敌，受我方优势兵力攻击，虽曾一度猛烈抵抗。黄昏届临，渐成不支，终于暮色苍苍中向南渐次撤退，我即占领南楼岭及隘路口，并即实施工事中。"

入夜，据各方面报告：敌大部队循苦竹岭向桃树港方面南窜。

二十七日，拂晓前令各团各派一部对当面敌实行扫荡，发现敌第一线已适当后撤，且成点状之稀薄警戒网，见我出击，立即后撤。

当时予拟以师之一部留置鸡笼山一三二二高地，并切断苦竹岭敌后方联络线，以主力进出南楼岭，蹑敌后路，向桃树港方面攻击前进之决心，报告长官薛。奉电示：

1. 该师仍留原阵地，断敌后援补给。

2. 已令第十军之第三师、第二十军之第一三三师、第七十九军之九十八师全力截击中。

因敌已南窜，战事暂告一段落，乃将各团序列任务，重新规定整理如下：

1. 着九十八师骆营立即归建。当该营到达白米山时，适值情况紧张，不得不权令参战，但以战事激烈，虽仅参战三小时，而伤亡即达四十人之多，至为歉怅！

2. 张团一部仍守原阵地，对通城敌严密警戒，不可疏忽，主力集结在三二二高地及文家山间偏南地区待命。

3. 徐团仍担任鸡笼山及其以东丛林不齐地防守警戒。守王芽尖之牟团毕营，立到南楼岭归队，三二二徐团郭营准备开鸡笼山南部归建。

4. 牟团仍据守白米山南楼岭地区，监视桃树港方面之敌。

5. 搜索连应继续向高冲以北搜索有无敌后续部队，并适时攻击敌后勤设施。

6. 师经五日激战，各部伤亡应速查报。

据人事参谋根据团营连查报统计：

（1）负伤官：十八员，内营长一员，连长二员。

（2）负伤士兵：一千五百三十二人。

（3）阵亡官：九员。

（4）阵亡士兵：六百三十五人。

虽是为国成仁，永光史册。但死者不可复生，断者不可复续。为之上者，能不潸然泪下？

据清扫战场官兵报告，敌焚尸场散见于阵地后偏僻处，不下十余处，其伤亡当不在我下。

二十八日、二十九日已无敌人南犯，本师方面战事已呈休止状态。

三十日，据搜索连报告：有运输兵一队越过高冲南下，并有轻型战车五辆前导。该连在高冲以南由东向西实行侧击，杀伤敌士兵骡马不下十余，并毙敌乘吉普车少将军官一员，敌遭打击，立即回窜。

十月五日，据报有回窜之敌三千余，由平江向南江桥北窜，当令张团主力附牟团刘营在九岭以南由东向西截击，敌士无斗志，慌忙逃窜，借通城敌接应，迅退该城附近。毙伤十余名，俘获步枪五支。查明该敌为第十三师团荻洲立兵旧部。

按：荻洲立兵曾于民国十九年、二十年（1930年、1931年）应聘任陆大兵学教官，讲授战术。本人曾亲受教。

九日下午三时，有甘柏师团之一部二千余人，炮数门，越桃树港北窜。据报后，曾亲赴三二二高地，观察形势。乃面令驻该地张团颜营长于夜暗后率该营潜至苦竹岭通高冲大道西北侧埋伏，并立刻派出搜兵潜至苦竹岭附近侦察敌之行踪。师搜索队亦立派搜兵一班即赴苦竹岭大道附近侦察监视，并查明该敌人数、兵种、武器、精神状况、弹药有无等，迅速回报！

日没后，我搜兵回报："敌兵二千余人，有山炮十二门，步枪配带齐全，似未经激烈战斗。过苦竹岭后行进颇为缓慢。其前兵对经路两侧搜索颇为周密。距苦竹岭北五里许时已夜暮低垂，其前兵即停止行进，部署警戒。大部分在路东师古尖山麓地区宿营，并即燃火做饭，在三二二高地亦可遥见火光。我颜营正以疏散纵队向敌宿营地区接近中。

夜戌，颜营在敌宿营区以西以北部署，即将发动袭击，正逐次向敌接近中，发现敌警戒周密，哨兵有卧有立，均持枪做射击状。

敌哨兵一声口令后信号枪突发，全宿营区立即活动！我以曳光弹烧夷弹向敌发射，步机枪向敌射出，光焰照人，敌警戒部队开始还击，大部人马匆忙向西北逃走，秩序紊乱。我即时追击，虏获步枪五十支，子弹万余发，炮弹三十余枚，负伤敌兵三名及其他军品甚多。

十日拂晓前,另派牟团刘营潜伏鸡笼山东侧丛林不齐地区埋伏。天明后,敌甫脱离颜营追击,行经鸡笼山东侧,猝遭我刘营伏击,仓皇北窜。但有部分敌军千余抵抗顽强,发炮射击。予当时曾亲自到鸡笼山前方第一线视察,炮弹从头顶飞过,步机枪弹落在前后左右,嚓嚓作响。因战斗激烈,立令追击炮营参加战斗。正午后,敌渐不支,且战且退,向西北逃窜,我获战利品甚多。本师战事,至此胜利结束。

肆　检讨与教训

1. 在战事未开始前即能适时明了敌情,从容部署,故能严阵以待,给敌迎头痛击,达成任务。

2. 对要点之争夺,敌恃其炮空优势,如果过于执著,必蒙重大伤亡!在不得已时,不如稍避其锋,俟机乘其不能发挥所长时采取勇敢行动,予以痛击,再行夺回。但决心行动,务必果决,每能成功。此鸡笼山之一再反击,必于夜间实施者此也。

同时每一要点,必经再三争夺,则敌认为费时过多,牺牲过大,得不偿失,必放弃攻占企图。民国二十六年(1937年)十月间,晋北忻口会战,曾获得不少这样明证。

3. 敌恃其装备优势,争取时间,每采中央突破战法,我方必须准备。主阵地利用地形务求坚强;另选适当地形,构筑数线预备阵地。待敌攻击开始,必先行炮空协力炸射,是时我第一线守兵为避免无谓牺牲,不妨适时退避于第二线,候敌步兵接近我阵地前二百公尺内。斯时敌炮火当然向前延伸,我必及时以快速行动,进出第一线,发扬我轻武器炽盛火力阻击敌步兵前进,造成极大伤亡,使其攻势顿挫,陷于进退维谷!此次三二二高地附近防守,即系采用此种手段,使敌蒙受重大损害而致攻击顿挫。

4. 判明敌主攻指向,即应于该方面派出预备部队,以便能适时支援,免被突破。这是不可忽略的。此次战役,在三二二高地及王芽尖方面于战况危殆时,均曾适时派队支援,终获保全阵地。

5. 敌军作战行动,多按原则,技能训练比较成熟,干部指挥掌握也较得法,这是干部养成教育比较健全。我们不可不知,而应亟图改进效法也。

6. 若在敌炮空协力下炸射激烈时,以大部队做横方向移动,这是违反作战原则之行动,甚至有于瞬间招致歼灭之悲运!九月二十五日,我敌战斗在激烈进行时,军部参谋长转来命令:令本师各部向右做横方向移动,实犯兵家大忌。

伍 奖励

1. 自九月二十二日战争开始,直至十月十日,虽在日寇炮空协力疯狂攻击下,全部官兵奋勇杀敌、前仆后继,卒能坚守原阵地,迫使敌改变攻击方向,绕攻苦竹岭友军阵地南窜。并能适时断敌交通补给,使南窜之敌在无粮无弹损失惨重之下,终于溃败。师复加以截击、伏击,俾增

大其损失。颇蒙层峰函电奖励。

2. 军事委员会核定长沙第一次会战战绩考评语:"第一四〇师确保九岭一带原阵地,三面受敌,独力支持。并断敌归路,补给。稳定鄂南全般战局。"

3. 军事委员会颁发有功官兵上校徐定远等以下奖章,奖状共计一百九十五份之多,堪称光荣!

(附图三张)

附图一

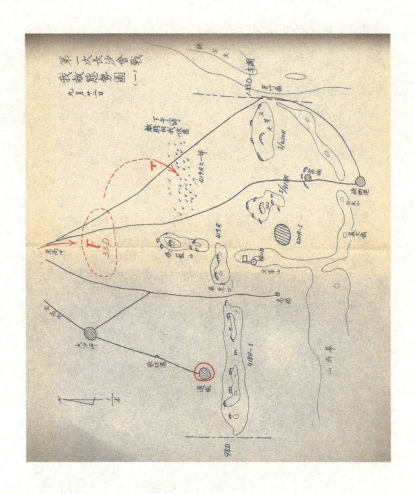

附图二

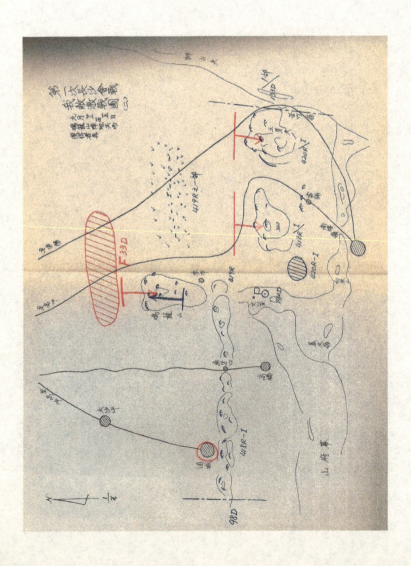

附图三

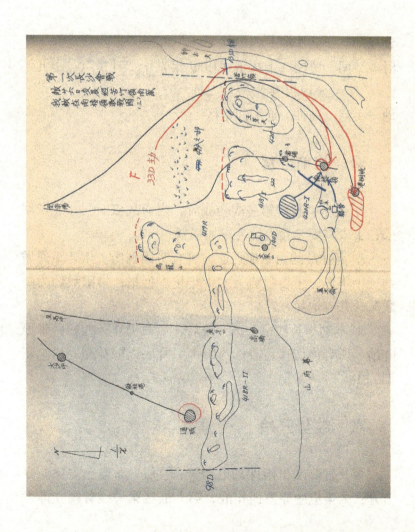

冬季攻势

参战部队　陆军第一四〇师
时　　间　民国二十八年（1939年）十二月初至二十九年（1940年）一月二日
地　　点　高冲—通城间地区

壹　战前形势

1. 敌情：长沙第一次会战后，当面敌依旧据守通城城郊，工事坚固。兵力约为一加强营。

2. 高冲敌约为一加强连，筑有坚固碉堡。该处距通城约三十华里，距崇阳约为六十华里。据报：崇阳敌约为一联队，并有炮兵一营。

3. 本师于长沙第一次会战后，奉命仍守备九岭一带原阵地。所有损伤官兵器材约于十一月底以前补充完毕。正训练中。

贰　攻势开始

奉长官薛文卅限即到电节开："层奉军委会委座命令节开：为策应中原方面作战，第九战区第一线各师立即发动冬季攻势，打击当面敌军，使不能抽调转用。"该师务即遵令，立即发起攻势。具报……

当即下达命令，要旨如下：

1. 当面敌情，如贵官所知。

2. 师遵令于十二月一日开始对通城、高冲敌发动攻击，使不能抽调转用。

3. 四一八团以一部监视通城正面，以主力向通城东北部进攻；务利用工事作业的近迫，以摧毁敌之据点。

4. 四一九团推进高冲东南，向该敌进击。但必阻绝敌援兵及补给，以便孤立通城之敌。

5. 师指挥所推进鱼牙口。

三日凌晨一时，徐团以第一营、第二营由东南东北两面接近高冲东、南、北三面据点，施行奇袭。以手榴弹塞进碉堡射击孔，轰炸声震撼原野。迫击炮亦向高冲敌占据之村落掩体发射，一时枪炮声、喊杀声混成一片。拼战至拂晓，敌外围据点攻占三座，我伤亡达七十人之多。

同时，陈团亦于午夜发动袭击，但被发觉，敌以自动侧防火，实行斜射侧射，致无法接近，遭受相当损失。

四日上午，据报约一加强营之敌，由公路南下，先头有小型战车四辆。立令徐团以一营推进高冲东北约十里处占领公路东侧高地，隐匿进入阵地，预期给以不预期之重大打击，并迟滞其前进。下午三时许，敌渐次接近。徐团鲍营按预定计划，在最有效射程内，突施以强烈射击，敌秩序顿时紊乱，死伤枕藉。其后续部队虽在战车掩护下反攻，但急切不易攀登。此时我鲍营在高地留置一部掩护，

主力渐次撤回高冲东南。日没后,战斗即行停止。

通城敌亦于天明后,利用炮兵掩护向我阵地攻击,我颜营利用通城以东丛林不齐地,拒止敌攻击,相持竟日。

五日晨,敌步炮协力,并以战车前导,近迫突击。徐团尽力支持至午后,逐次后撤至东南方高地带,与陈团相呼应,拒止敌之进犯。

入夜,徐团派郭营第一连进出高冲以北破坏公路数段,并炸毁木桥一座。陈团亦派兵一连掩护师工兵营进出通城以北铁柱港,破坏大铁桥,炸毁桥柱三座。颇蒙长官薛嘉奖。

此后敌虽运补繁忙,但因铁柱港铁桥被毁,河水颇深,渡过不易,战事骤呈停顿。而堆积于铁港北岸之粮食,形如小丘。我屡图偷袭焚毁,敌警戒亦愈森严。因此,陈团徐团当面敌以掩护运补,每日与我军虽有小接触,并无真面目激烈战斗发生。如此相持至十五日以后。

十六日午后,敌机四架飞来鱼牙口及以北地区上空盘旋侦察,敌炮兵亦开始射击,掩护其步兵向我徐团陈团方面分途推进。战斗愈演愈烈,我凭既设阵地,以机枪火斜射侧射,并极力发扬迫击炮火,向敌射击。敌伤亡续出,我亦有相当伤亡。战至黄昏,方渐停止。

黄昏后,陈团当面敌撤回通城;徐团方面敌似有一部增加高冲方面,余亦北去退回崇阳城。

二十日,奉长官薛命令节开:

1. 敌增援部队虽撤去,我各部仍应继续攻击。
2. 已饬柳际明师派队协攻高冲之敌。

二十四日凌晨，我军恢复对高冲通城敌攻击；柳师之一部亦向高冲东北攻击，但敌既有上次经验，防范颇为周密，强攻必遭重大损失。我军夜袭均被击退，屡次无功；柳师亦无炮兵，攻击实难奏效。一连数日，无法攻下坚固据点，颇为惶惑！

二十五日正午，步骑炮之敌不下三千余，循崇通公路南下。下午一时许，柳师之一部已被扫荡，向东撤退。徐团为适应情况，亦适时退回高冲东南原阵地，相机作战。

本日通城敌数百亦出击接应，向陈团攻击，但不激烈。相持至日没，为适应未来作战，陈团亦撤至原阵地，与徐团联系，以期打击再图进犯之敌。

二十六日晨，南来之敌，协同通城敌，不下三千余，在飞机三架掩护下对我进犯。我以既设阵地尚称坚固，沉着应战，虽战斗激烈，仍能固守原阵地，双方死伤均重！午后战斗成胶着状态。

下午三时许，敌之一部再兴攻击，战斗又见激烈，判知敌为佯攻，企图撤退。立即令牟团自鱼牙口以北预备阵地发动向敌翼侧出击，出敌不意。敌张皇失措，其南翼部队在炮火支援下拼死抵抗，其北翼部队即迅速撤回通城郊区。黄昏时分，已将来犯之敌完全击退。是敌本欲欺人，反而害己。

二十七日以后，通城敌并未出击。我以无攻击武器支援，亦未进攻，各团均在整顿态势，准备战斗。

一月二日奉长官薛命令节开：各种攻势牵制目的已达，该师即停止攻击，回复原态势。

比令各团复回原防，立即整顿，开始训练。战斗匝月，我官兵伤亡不下四百余人，敌或较我伤亡为大。

叁 检讨与教训

1. 我军士气旺盛，有效忠殉国决心，虽在敌机炮威力下，仍能坚忍战斗。敌步兵在我轻重机枪火斜射侧射下，复有追击炮步枪火，迫使敌近接困难。其近迫时，则有手榴弹刺刀，凭借工事抵抗。敌即攻至阵前，其能侥幸生存者实寡。

2. 国军装备，缺乏远战武器，飞机更少，常受精神上威胁，如此对敌坚固据点、城垣之攻击，实感手足无措。因此，除采取夜暗突击手段外，别无方法。此实忠义之气发扬至极，应不惜一掷血肉之躯耳。

3. 此次任务，原是牵制抑留，使敌不能抽调转用，似此本师徐陈两团这次作战，敌来则避，敌退则攻，令敌反复奔忙于通道上，战既不能，去亦不能，大大发扬了牵制抑留作用。谓为巧妙掩盖我劣势装备之功能，谁曰不宜。

4. 本师在长沙第一次会战，独力对抗日寇第三十三师团甘柏部，激战五日，迫令敌攻势顿挫，别从友军正面南进。但精忠化碧，战士虫沙。难免过分伤亡，今战后不过月余，新兵初补，战技欠精，元气未复，亦不敢投入剧烈战场，因此战力殊难发挥。亦情势使之然耳。

（附图一张）

附图一

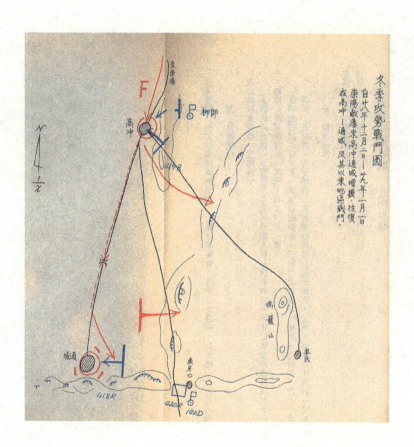

第九战区 湘北战场

长沙第二次会战
长沙第三次会战

长沙第二次会战

参战部队 陆军第一四〇师
时　　间 民国三十年（1941年）九月十九日至二十三日
地　　点 汨罗江南岸颜家铺东西之线至鲤鱼铺大头岭地区

战斗序列

　　　　陆军第三十七军中将军长陈沛
　　　　陆军第一四〇师中将师长李棠
　　　　第四一八团上校团长陈肃
　　　　第四一九团上校团长徐定远
　　　　第四二〇团上校团长牟龙光
　　　　　补充团上校团长程奎朗
　　　　　中校炮兵营长宋希平
　　　　　中校工兵营长郭克俄
　　　　　中校辎重营长彭裕福
　　　　　中校卫生队长蔡心龙
　　　　　中校野战医院院长吴步进
　　　　　少校特务连连长沈有璧

壹 前言

本师经长沙第一次会战及冬季攻势两战役，战绩辉煌，但伤亡重大。深蒙层峰爱护，于民国二十九年（1940年）六月初奉军委会命令：

1. 第一四〇师着归还第三十七军建制。
2. 改编为调整师。开赴平江以南瓮江—金井地区整训。该师防务着由第五十八军新十一师接替。限六月底以前交接完毕。具报。
3. 七月初，新十一师接防完毕，遵令移驻于指定地区。

贰 整训、校阅

1. 七月中旬，师移防初定，军长陈亲临校阅。师以作战太久、训练缺乏，成绩不如预期，难免歉怅！
2. 师获得训练机会，立即制订三个月（八月至十月）整训计划，饬各部切实实施。师参谋处会同各副团长随时到营连抽查，详定成绩比赛奖惩规则，促使各部求取训练成绩。尤对战斗技能之磨炼，要求特别注重！整训完毕，由师组织校阅委员会，据实检校，明判优劣，公平奖惩，以资督励。
3. 十月初，层奉委座电令。湘北第三十七、第九十九军等由本会派训练总监部颜副总监率领校阅委员代表委员

长蒋驰赴湘北校阅。并先至第三十七军。

民国三十年（1941年）一月初中央校阅委员一行二十余员到师举行校阅，七日方竣，对本师各种成绩虽指示缺点不少，亦有好评，官兵大为振奋！

4. 针对中央校阅委员意见，其优者更加勉励，次者彻底改进。再拟具六个月训练计划。自二月中旬开始训练，期成劲旅，为国效命。

八月初，奉军委员命令：兹再派训练总监部颜副总监率领校阅委员赴湘北，预定于八月底校阅第三十七军、第九十九军等部队。

九月初，中央校阅委员一行二十余人莅临校阅，历时七日方毕。在校阅进行中及总讲评时，各委员对本师之战技、体能、内务、武器保管等均有好评，认为是全国难得之劲旅。旋奉委座来电嘉奖！

师自民国二十九年（1940年）七月改编为调整师，兵员编制较前扩充，加以一年训练，两度校阅，战力精强，士气壮盛，誓为国杀敌致果。

叁　敌情与友军概况

1. 据通报：自八月中旬以来，敌第三、第六、第四十师团等部分自各地调集岳阳附近地区。至现时为止，估计十余万。

2. 岳阳敌自本九月初旬以来，即以步骑炮混合编成千余人之支队，有三四股，不时机动向我汨罗江以北警戒部队第四军各师及第三十七军第六十师攻击，时进时退，几将旬日，不胜其扰，似另有企图。而岳阳以北铁路军运繁忙，已逾兼旬，大有进犯长沙之势！

3. 据第四军电长官部："敌机动攻击队在飞机协助下，行动飘忽，似在掩蔽其主力进攻真面目，本军正加强阻击中。汨罗江以南我各军应慎重布防。"

肆　出发、战斗部署

十八日早，层奉长官薛命令："着以一个团，立即向汨罗江南岸浯口—颜家铺之线前进。限明十九日拂晓以前到达。扼要占领阵地，阻击渡江南窜之敌。"

比以电话先行通知陈团长立即作出发准备，并再颁发笔记命令如下：

1. 敌主力于今凌晨猛攻我第四军，有强渡汨罗江之势。

2. 贵团配备无线电一台，限本日十六时以前出发，向汨罗江南岸急进。于明拂晓以前到达浯口—颜家铺之线，占领扼要阵地，拒止敌之渡河南窜。并务以有力之一部坚固占领长乐街南岸，坚强阻击，迟滞敌之渡河。

十九日凌晨，陈团到达汨罗江南岸，立即着手工事构筑。据报天明后大队敌军集结长乐街，开始强渡汨罗江。当即发生战斗。

当日上午九时，予于脱甲桥师部奉长官薛电话命令："敌正强渡汨罗江，与贵师陈团激战中。贵师应于本日午前出发，先向检市厂地区前进，准备迎击南犯之敌。"

奉令后，即作出发准备，决定正午十二时前率部向检市厂地区前进，并以电话报告军部。

师出发命令如下："九月十九日九时。"

1. 敌情如另纸。

2. 本日拂晓迄今，我陈团正与强渡汨罗江之敌持续战斗中。

3. 师奉长官薛电话命令，准于本日上午十二时以前自脱甲桥驻地出发，先向检市厂地区前进。

4. 四一九团（徐团）为前卫，循郑家塅—脱甲桥道向检市厂以北鲤鱼铺地区前进。该团务提前一小时出发，以免拥塞。

5. 师部特务连、无线电排、炮兵营、工兵营、骑兵连、四二〇团（牟团）为本队。

6. 师大行李、辎重营、卫生队、野战医院在本队后跟进。

7. 行进时，予在本队先头。

给陈团命令：

1. 贵团当面敌情如何，有无后续部队渡河，战斗情形，务随时电告。

2. 师奉长官命令，准于本日正午以前由脱甲桥驻地出发，先向检市厂地区前进。

给补充团命令：

1. 原在汨罗江以北窜扰之敌，于今十九日拂晓前排除第四军抵抗，强渡汨罗江，此刻正与陈团战斗中。

2. 师遵长官薛命令：于本月十九日午前由现驻地出发，向检市厂地区前进。

3. 贵团即在东山寺原工事地带进入阵地。务加强工事，严密警戒，并以有力之一部推进东山高地以北，扼要占领前进阵地，尽力构筑重叠斜交工事，期作韧强逐次抵抗。并与陈团取得联络。

本日上午十一时，师各部按照预定集合。余率部出发。为便于观察地形，策马前卫先头，约十五时抵检市厂。以敌机来袭，各部及时疏散。徐团有极少数人受伤。幸脱甲桥检市厂沿途均为丛林不齐地，易于疏散掩蔽。

予到达检市厂，审视环境，深觉该地低下。予认为该地以北之鲤鱼铺及其东西高地，若被敌占有，则居高临下，于我大为不利！

随即展视地图，对照现地，仔细观察，立即决心改变长官部指示，即下令各部队依次，向鲤鱼铺以北地区推进。即令通讯连以检市厂为基地，向将军坝军部架线。率徐牟两团长、炮兵工兵两营长驰赴鲤鱼铺以北侦察地形，并令在东山寺地区做工之程团长同到该地。

现地地形观察，于我有利。敌于长乐街渡汨罗江，循颜家铺—栗山巷—鲤鱼铺大道南犯。地势逐步增高，有仰攻之势。其两侧皆为山地，不可一举突破。我夹大道设防，占领两侧高山地带，做纵深配备，随就现地指示各团占领阵地。

1. 以程团附徐团第三营任右地区守备队。应占领最北端颜家铺—东山寺—栗山巷—大头岭各东西地带及鲤鱼铺以东地区。

2. 以牟团任左地区守备队。最北端应占领兴隆山亘鸦婆尖纵长高地南北地带，迄鲤鱼铺西两侧地区。

战斗地境为长乐街—颜家铺—栗山巷—鲤鱼铺，迄其以南检市厂之线，线上属右地区队。但两队务须协同密切，尤须以火力配合防守。

3. 师迫击炮营应推进栗山巷附近侦察地形，进入阵地。

4. 徐团（欠第三营）暂控制于鲤鱼铺以北偏右，为师预备队。

当面令各团立即推进，各自侦察地形，进入阵地，立即着手构筑工事。务于明二十日凌晨前完成野战工事，尔后再行加强。注意纵深支阻工事，以便作韧性持久坚强抵抗，粉碎敌之攻势。

随即派遣联络参谋补发阵地占领笔记命令。

师阵地占领命令（九月十九日于鲤鱼铺）：

1. 敌先头部队已于今晨强渡汨罗江，其兵力比陈团大为优势，正逐渐压迫陈团向南推进中。

敌主力正集结长乐街附近地区，准备渡江进犯，预期明二十日午前有与本师主力发生战斗之势。

2. 本师决心占领东山寺东西高地—栗山巷及鸦婆尖地区为本阵地，其以北颜家铺、兴隆山为前进阵地。坚固占领有利之地形，摧毁敌之攻势。

3. 程团附徐团第三营为右地区队，应就原构筑工事东山寺—栗山巷东西之线，占领阵地。以徐团第三营置于左翼，务寅夜加强工事。并以一营进出该地带以北，扼要占领有利地形为前进阵地，且须立即实施工事。

4. 牟团接程团左翼，为左地区队，占领鸦婆尖南北高地，亦以一营进占兴隆山为前进阵地，务寅夜实施工事。

两团战斗地境为长乐街—颜家铺—栗山巷—鲤鱼铺—检市厂。线上属右地区队，但须密切协力。

5. 徐团（欠第三营）为师预备队，控制鲤鱼铺以北偏右地区。

6. 师迫击炮营宋营长率该营进出栗山巷偏南地带，选择适当地形，占领阵地，协力两地区队战斗，发扬火力，阻敌前进，消灭阵前死角。

7. 通讯连应于三小时内构成师与各团通讯网。

8. 工兵营郭营长率该营赶赴大头岭东侧双江口附近，背西北向东南构筑工事，掩护师之侧背。

9. 师指挥所设大头岭北侧。

通讯困扰：

据通讯连胡连长报告：检市厂距将军坝约四十华里，本连只有一架线排，不但人手不足，即将全部被复线挪架，亦有不敷之感。且师部与各团通讯网，亦须即刻构成，实难兼顾。

若利用既设线，须经九十五师总机，又多干扰。如何？请示！胡连长报告，当系事实。依军制规定，军须向师架线，军有通讯营，通讯人员及器材均比师强，似可向军部要求。正考虑间，军长派姚参谋持手令到师，"以通讯连长架线不力，有误戎机，应予枪决……"

当以胡连长确有事实上困难,未予执行。随即电复军长,以器材人手均甚短缺,敬请谅察!尔后战况报告,随时以无线电报告为主。

伍 战斗

二十日凌晨一时,奉长官薛巧午电节开:"特派独立工兵第五团王团长民宁率该团第二营及博福斯(75)山炮第三营赴鲤鱼铺,归贵师长指挥使用,并限号晨报到。"随即区处如下:

1. 令博福斯山炮营营长到达后,立即推进鲤鱼铺以北地区,进入阵地,对来犯之敌作有效射击。协力本师摧毁敌之攻势,并请将作战情形随时具报。

2. 令独立工兵第五团王团长民宁即率第二营协助山炮营推进鲤鱼铺北侧地区进入阵地,尔后即掩护该山炮营对敌战斗。具报。

3. 令通讯连向上列二单位架线通话。

4. 并派李参谋持上项二令驰赴鲤鱼铺南端联络候交,尔后即驻博福斯山炮营担任联络协助。

拂晓后,北面传来炮声,渐渐浓密。据陈团电报:

1. 当面之敌渡过汨罗江者似已超过万人之多,仍在继续渡河中。

2. 向本团进犯之敌,已增至三千余,所受压力渐大。颇有难支之势。乞示?

立即电复陈团长:

1. 贵团应尽最大努力阻击，迟滞敌之攻击前进，给予其最大损害。

2. 师已布置坚强防线，消灭来犯之敌。

3. 程团（补充团）右翼防线在东山寺附近，该团应设法与之联系，必要时以左翼依托东山寺高地，向右后旋转，与程团紧密联系。最右翼不得越过浯口—双江口大道以东，顺山势保持要点。为要。

4. 尔后战况，应随时电报。

上午八时后，敌机多架自北向南侦察，尤对颜家铺兴隆山至检市厂地区往复盘旋，对我对空监视哨射击，似无太大顾忌。九时以后，北面传来枪炮声渐渐稀少。判断陈团已脱离战场。乃严令各部积极搜索敌情，严密戒备。

据谍报队及陈团敌情报告：本师当面敌，为日寇第三师团丰岛部，战力甚强，已于昨午夜前渡河完毕，拂晓在颜家铺东西地区开进中。

敌机不时窜来鲤鱼铺—栗山巷上空，我监视哨偶亦发出点射。秋风凄凉，日色昏黄，宛然大战届临之前之萧瑟景象！

将近十时，敌我斥候已有零星接触，枪声不时划空而过。须臾，敌炮亦开始发射。据第一线电话：敌步兵已开始自各方向我跃进。敌炮兵开始向我标定射击。我炮兵亦开始发射阻敌向我跃进。我迫击炮为积极支援前进阵地战斗，乃推进至前进阵地之后，消灭死角，给敌方甚大杀伤，敌之前进，大为缓滞。

下午一时后，敌局部虽稍接近，但为我火力控制，未易越雷池一步，战斗一时为之沉寂。

下午三时许，敌攻击再兴，炮火骤然加强，我猛烈还击，敌步兵不顾牺牲向我阵地涌进。我步炮火发扬至最高度，声震林谷，双方伤亡重大。我东山寺前小高地被攻占，我守兵在伤亡重大下稍为后却。随即严令地区守备队增援反扑，往复冲杀，终于日没前收复该前进阵地。全线战斗渐次停止。立令各团守兵加强工事，并增筑支阻阵地，以防敌突入。

是夜，当率必要幕僚巡视两地区阵地，并先以电话通知第一线各部，自右至左。在各阵地要点，曾仔细视察并指示，最后到鲤鱼铺偏北地区视察炮兵阵地。已近午夜，方返指挥所。

综合虏获及各方情报显示，当面敌确为丰岛师团，并有第六、第四十师团等部陆续到来。据此判断，敌此次进犯长沙兵力当在十万以上，野心当不在小。乃电报长官部参考。

二十一日晨，敌机十数架凌空侦察，我各部对空监视哨立即向之射击，迫使不敢低飞。敌炮在飞机协力下开始发射，我炮亦向敌还击，步兵在炮火掩护下逐次跃进，我亦尽各种手段猛烈阻击，谷应山鸣，弹雨硝烟，益添秋山苍茫肃杀气氛。直至近午愈烈，我敌双方伤亡均大！

据第一线报告：敌在我正面展开攻击部队似在万余之众，在飞机炮火掩护下，冒我步机炮火密集射击，前赴后继，死伤枕藉，尤以冲入我火网内时，死伤更为惨重。但我守兵在敌机炮协力下奋勇拼战，死伤亦大！

午后，敌炮火并未稍衰，反更炽盛，殆有炮兵增援耶。战斗愈演愈烈，迨日渐西斜，我前进阵地，几全被敌炮火摧毁，我炮兵虽努力制压，并未收显著效果。以敌炮火远较我为优也。乃令前进阵地守兵除部分阵地尚能固守抵抗外，余则逐次撤退；如因敌兵过于近迫，地区指挥官可独断实施逆袭，再行撤退。激战终日。黄昏届临，方始停息。

日没后立下手令：

1. 卫生队赶运伤患。
2. 辎重营迅速运补弹药。
3. 第一线连立即修补或加强工事，以备明日再战。

余观察连日战斗状况，默察战斗前途，敌主攻方向似保持在颜家铺通栗山巷、鲤鱼铺大道及其两侧地区，有中央突破我阵地之企图。乃决心调整部署：令徐团以主力扼守栗山巷东西地区。其一部仍留置该团右后。令牟团右翼程团左翼各向左右让出五百公尺，以便徐团占领，并限立即进入，加强工事。期于明日给敌重大打击，以顿挫其攻势。

二十二日拂晓后，敌大编队飞机窜来上空，旋即协力炮兵发射，火力亦较昨日强大。我炮兵虽努力还击，已不如昨日尚可勉收制压之效。敌炮兵数量似又有增加。

激战至午，敌炮火似是绝对优势。我坚守之部分前进阵地，在上午十时前已经被敌摧毁攻占。至现时，敌攻势犹在猛烈进行中，我火力亦继续发扬至最高度。敌步兵在火网内死伤枕藉。默察战局已臻重要关键。

随令陈团立即分三梯次，限两小时内由程团右侧外缘山边进至大头岭鲤鱼铺北侧高地，分三地区集结待命。

正午甫过，亲至大头岭北侧观察战况：

1. 程团正面虽非敌主攻地区，但该团抵抗，已达勉强阶段，势难持久。

2. 牟团鸦婆尖方面，虽遭敌强烈攻击，尚能固守。

3. 徐团士气旺盛，战力素强，军心巩固，当可继续坚强抵抗。

次观察我敌炮火射击情形：敌数量远优于我方，但对我炮兵不能作有效之制压。我炮火反能制压敌炮，唯敌炮位多，有不能周全之憾！因此，敌炮火每不能有效支援步兵攻击前进之势。因我系德造博福斯山炮，性能远优于日式山炮，惜数量太少。我迫击炮重机枪均系捷造，性能亦较日造为优越也。

下午三时方届，程团以敌攻击猛烈，屡次告急。除严令程团不顾一切、竭力固守，以尽军人职责外，余细察冥思，除非挥出铁锤，奋勇一击，恐难挽回程团之颓势。立令陈团移向程团右翼外，务利用山地林木荫蔽，迅作攻击准备。限下午四时前完成。

及时断然奋起向敌左翼发动猛烈攻击，并令炮兵适时做适当的协力。又令程团阵地守兵适时策应，奋起反击。一时杀声喧腾，炮火雷鸣，山岳为之震撼！出敌不意，使其遭受重大打击，攻势为之顿挫。程团乃转危为安，直至日暮，战斗渐渐停止。

牟团徐团方面，下午战斗虽甚激烈，但阵地尚能固守。黄昏后，立即电令各团，尽速整顿队势，加强工事，以便明日再作坚强战斗。

黄昏届临，战地一片宁静。当前战争已届详细究判时机：

1. 本师战斗员兵一万一千余，补充团员兵二千余。现以劣势装备对优势装备，劣势兵力对优势兵力，敌自九月十九日晨渡过汨罗江，挟炮空雷霆万钧之势，向我陈团攻击。迄今二十二日晚，激战四昼夜，尚在坚强持续战斗中，果何以致此，因素很多，容再检讨。

2. 敌大军渡过汨罗江不下十万之众，除以第三师团丰岛部向本师攻击，激战四日，尚未得逞。而对本师右翼之萧之楚军，战事如何？未接通报，无从悬揣。对左翼罗奇师，地形平坦，易攻难守，曾不以一矢之加。原因何在？真百思不解！语曰："兼弱攻昧，武之善经也。"今中央既不能突破，应即别寻方面，以收速效，而拘执不变，岂不旷日持久，悖于"兵贵拙速"之理。

七时后，战地已呈沉睡状态。当令各团各以一部于午夜前对敌方要点，实行猛烈夜袭，期收搜索、扰乱、打击、杀伤之效。尤以徐团方面最为重要，如能得手，不妨深入。

3. 回思长沙第一次会战，敌三十三师团甘柏部对本师鸡笼山及三二二王芽尖阵地猛攻三日，未能得逞，即改变方向，绕攻我右邻友军第一三三师李团苦竹岭阵地，得以进窜桃树港。今敌攻击既已四日，我主阵地屹立如故。据此判断，敌必于明二十三日晨在正面以炮空协力，继续猛攻。另以有力之一部包围深入我侧背无疑。似此，则我阵地不攻自破！筹思至此，至感焦虑！

4. 随即急电长官薛军长陈：

（1）四日激战，尤以本养日敌挟优势兵力，大举猛犯，血战竟日，伤亡重大。午后程团已一度危急，立令陈团骤出程团右侧后，向敌左侧背转移攻势，猛然出击，出敌意表，使其伤亡过重，攻势顿挫，程团得以转危为安。

（2）预料明晨敌必以优势兵力继续由正面猛攻！深虑另以有力之一部包围深入本师右侧背。请速派增援部队，务于明拂晓前到鲤鱼铺附近。

5. 手令各部队：

（1）我官兵连日发扬忠勇爱国精神，力挫顽寇。尚望再接再厉，与阵地共存亡，以尽军人职责。

（2）军需处应核实发放负伤官兵慰问金，不可短缺。

（3）卫生队赶速后送负伤官兵，死者掩埋。

（4）二十二日亥据各团所派夜袭报告：敌第一线守备严密，不易潜入，仅能达成扰乱目的。

二十三日凌晨子正，奉长官薛马戌电："已令一九〇师朱岳部星夜驰援，限梗寅到达检市厂，衔接贵师右翼，堵击南犯之敌。应派员先到检市厂引导，并归指挥。"遵派副官何主任赶赴检市厂，持长官薛原电候接。

丑正，复奉军长陈电话命令："经饬罗师派二八四团黄红团长率该团增援贵师，并饬于拂晓前到达鲤鱼铺。归贵师长指挥。罗师正面至今仍无战事。"比派袁参谋携带下列命令赴鲤鱼铺候接，同时并令通讯连先行构成通讯网。

命令九五师黄团长：

1. 当面敌为第三师团丰岛部，已与本师激战四日，现仍与本师在东山寺亘鸦婆尖东西地区激战中，预期拂晓后该敌即将再兴攻击。

2. 贵团即在鲤鱼铺以北栗山巷东西地带，右接本师程团，左接牟团，接替徐团原守备地区，占领既设工事阵地，阻敌南犯。务于拂晓前完成部署，尽快加强工事，准备战斗。

3. 予在大头岭北侧师指挥所。

命令徐团长：

1. 奉军长陈电话：经饬九十五师罗师长派二八四团增援本师，限本二十三日拂晓前到达鲤鱼铺地区。

2. 候黄团到后，立将现守备阵地移交黄团接收。贵团各营立即进至大头岭师指挥所北侧东西地区，占领阵地构筑工事，准备战斗。

3. 并分别通知牟、程、陈各团。

据报告：综合各部连日战斗伤亡统计，计伤亡官长五十六员，伤亡士兵二千三百二十七人，精忠化碧，令人伤痛。

二十三日拂晓前据袁参谋电话报告，九十五师黄团长已经率部到达鲤鱼铺，现遵令向栗山巷东西地区急进。移时，接袁参谋电话，黄团已接徐团阵地，正加强工事中。

午夜后，极念朱师能否适时到达？良以救兵如救火，时效最为重要，再派王副官赶赴检市厂向何主任联络。并饬立即回报！

二十三日天明后,敌机十余架凌空盘旋侦察,我对空监视哨立即开始射击。敌虽不敢低飞,仍旋回不去,且不时向鲤鱼铺以南地区侦察。七时许,敌机炮协同,向我阵地射击。炮声隆隆,震动林谷!双方展开战斗。

上午八时据报:有敌步骑炮混合纵队不下万余人,自浯口方面窜来。经双江口、大头岭东侧,续向南窜犯,势甚积极。正面敌适时延伸射程轰击大头岭地区,我炮亦适时制压,凶势渐衰。一时谷应山鸣,弹落如雨!随以双江口距师指挥所约为二华里之遥,仅我工兵营在该地构工警戒,立饬陈团主力驰赴双江口西方山坡地带进入阵地,防阻敌向大头岭师指挥所方面进犯。

此时情况危险紧张,已达严重关头,黄团既于拂晓前进入阵地,兵力增强,正面栗山巷方面绝无顾虑;但右侧背被包围,压力太大,颇为焦虑!背城借一,此其时矣。

随电长官薛军长陈如下:

万急长官薛军长陈,敌步骑炮联合不下万余!自浯口南下,晨达双江口,仍续南窜中,已将大头岭包围!正筹划抵抗中,情势严重,朱师尚无消息。谨闻。

当做如下之处置:

1. 严令第一线各部官兵发扬忠勇爱国精神。有敌无我,有我无敌。死守原阵地,决与阵地共存亡。倘有擅自后退者杀无赦!

2. 师直属部队,其有任务者应照常努力服行原任务。

(1) 担架队赶快后送伤患官兵,不得迟误。但行经道路,应改由鲤鱼铺—李家塅道向南行进。

（2）卫生队照旧医理伤患官兵，以便从速后送。

（3）辎重营尽量运补粮弹。

3. 其他无任务官兵各在指定地点，整理个人所携带武器弹药，保持秩序，就地休息，听候命令。倘有私自图逃者杀无赦！

4. 予在指挥所，除非到第一线督战、巡视，绝不移动，决与我官兵生活在一起，战斗在一起。

上记口述命令下达后，士气为之振奋！猛烈阻击来犯之敌。一地得失，必经往复争夺，龙拿虎掷，血肉纷飞，战斗惨烈，真使风云变色、草木含悲。而我阵地依旧屹立，其犯我侧背之敌，在我陈团工兵营、军士队等部阻击下，尚无大进展。

正午顷，接何副官主任自脱甲桥附近报告：

"包围本师侧背之敌，其一部已通过检市厂，向脱甲桥进犯中。朱师何团约于上午八时行抵脱甲桥停止做饭，及获敌人即将抵达消息后，该团立刻向东边山地开去。似此，朱师增援已无望。"据报后，愈坚自我奋战到底决心，不存待援之想。相信本师必可发扬忠勇精神，确保原阵地。

正午稍过，博福斯山炮营王营长电话报告："炮弹用尽，但弹药存储株州以南，无法运补。请示？"这一情事发生，更增我焦虑！战事正在激烈严重关头，岂可遽无炮兵支援？可是炮兵既无弹药，留在第一线阵地，不又更添拖累？在此无可奈何情况下，只得忍痛饬令该营迅速脱离战场，归还建制。

当问："要否派掩护队后送至李家塅以南？"

答:"不必。自带有枪兵两排。"

随即指示该营到长沙路线:"现因检市厂道已有敌人!贵营应自鲤鱼铺抄小路到李家塥而后循明月山东麓大道到长沙,可策安全。"

答:"遵示。"随以电话命令:工五团王团长率该团二营随炮兵营一同向长沙撤退。

随即电长官薛军长陈:

1. 博福斯山炮营以弹药用尽,已令离开战场,归还建制。

2. 朱师先头上午八时抵脱甲桥,已与南犯敌遭遇,增援无望!

下午一时许,敌攻击再兴,炮空协力猛射,步兵冒我炽盛火力,拼死近迫。我各团官兵咸抱与阵地共存亡决心,奋勇战斗。黄团官兵沉着勇敢,屡次杀退冲入阵地内之敌。

下午三时后,敌炮延伸射程轰击大头岭鲤鱼铺地区,包围我侧背之敌炮兵亦向大头岭附近猛射,一时谷应山鸣,烟硝弥漫。我沉着待之,不久即烟消雾散。

当以电话激励各团长以身作则,抱大无畏精神,有我无敌,决死坚守阵地,以尽军人守土报国之责任。

本日下午,敌攻势似较上午更为积极。敌炮空交织,震耳欲聋。我则以有敌无我精神,寸土必争,以步机火力构成火网,辅以手榴弹消灭近迫者。终致我阵前死尸枕藉,伤亡实较我为大!

黄昏前,敌虽不顾伤亡,疯狂攻击,但我官兵拼死抵抗，仍旧坚守原阵地。迨夜幕低垂，战斗逐渐停止，阵地上空已无敌机踪影。战地一片宁静。目前战局，频临检讨时机。

陆 转移阵地

1. 本师今在敌三面包围下激战终日，阵地虽然坚守依旧，但补给路线已被截断，增援亦已无望。明日敌攻击再兴，我在弹粮两缺情况下能否持久，似难预料？

2. 友军支援既不可期，面对优势之敌攻击与炮空毁灭性之炸射，我官兵虽抵抗坚强，但在此情势下也难逃无谓之牺牲。岂智者所屑为！

3. 筹思再三，予乃决心摆脱困境，转移阵地于李家塅西南山地带，整顿队势，再行作战。乃电报长官薛军长陈。

4. 当以各别命令颁给牟、徐、陈、程各团自觅向导，于晚七时后撤离阵地，取捷径向李家塅西南地区行进，在黄金塅附近集结待命。

5. 给九五师黄团命令：贵团着于本晚七时撤离阵地，经鲤鱼铺向西行，归还建制。

6. 师直属队在徐团后跟进，向李家塅西南黄金塅地区前进。行进间，予在师部先头。

7. 注意事项：各部在行进间务注意联络，营、连、排应确实掌握，不得脱离行列。

二十四日晨，各团大部均到达李家塅西南地区。

当令徐团以一部留置黄金塅，对北对东监视敌人外，

主力控制白鹤洞口东西地带,先行整顿队势,恢复建制。其余按陈团、牟团、程团顺序进入白鹤洞。面嘱尹参谋长率领指挥所及各团中校副团长先行进入白鹤洞,分配宿营地。五日激战,于兹告一段落。

师部各直属队均先后报到,只通讯连之无线电排及电台未到,至感惊异!倘因夜暗被敌捕获,将何以善其后呢?对长官部军部又将如何联络呢?

同时命副官处派员日夜兼程,赶至衡阳查询电台是否撤退抵达衡阳留守处,令赶紧归队。否则,即令后方留守电台即日推进前方。

苦战五日,死者精忠化碧,永垂不朽!生者亦心力交瘁,尽到军人职责!

令各部于抵达宿营地后五小时内查报官兵伤亡人数。如下:据参战的人统计二十三日官长伤亡十八人、士兵伤亡七百五十九人。合计前四日共计伤亡官长七十四人、伤亡士兵三千零八十六人。伤亡如此之大,虽是为国尽忠,为之上者,能不为亲爱袍泽饮泣耶?

柒 检讨

1. 敌作战部署指挥。此次敌大举进犯长沙,据各方面报告证明,系以第三、第四、第六、第四十师团为基干,另有第九、第十一旅团等部,为数不下十余万众!其渡过汨罗江后,仅以第三师团及第四十师团之一部向本师攻击,而对萧军之攻击,究为何部,无法得知,其对与我师并列之罗奇师,不稍措意,用意何在,实难理解!

殆以国军装备劣势,战力较差,故采用中央突破耶?顾悬军深入,反舍弃"速战速决"原则,能不令人眩惑?兵法云:"兵贵拙速,不尚巧迟。"今敌之部署指挥如此,宁非违背作战原则耶?且循长乐街—颜家铺—栗山巷大道攻击我军,恰似循隘路由下而上,在守者有居高临下之势,而攻者有仰攻之形,至为不利!其钝兵挫锐,旷日持久,无待论矣。倘敌以三师展开于长乐街以南—汨罗江东西地区,以一师控制于颜家铺附近,于十九日晨齐头攻击前进,在我第十军、第七十四军未到达之前,以五日时间尽可到达长沙近郊。何至尚徘徊于鲤鱼铺以北耶?

2. 友军协同不力。本师阵地右侧双江口,原为第三十二师防区。二十三日晨敌军由浯口—双江口大道南窜包围本师右翼侧背时,该师部队在敌即将到达之前放弃双江口大道,向东移转。倘能及时对南窜之敌加以攻击,则本师右侧背不至受敌包围威胁,其一部亦不可能窜抵脱甲桥。似此,一九〇师或可于当日正午前到达检市厂,衔接本师右冀攻击窜犯之敌,则本师不至苦战终日,伤亡重大。

3. 援兵不能按时到达。语曰:"救兵如救火。"诚以兵贵神速,以制先机,否则为敌所制。朱师应遵令于二十三日拂晓前到达检市厂本师右翼地区,顾迟迟不到,致本师腹背受敌,几遭歼灭,影响士气已甚,遗憾至深!

4. 掌握控制不确实。

(1) 师无线电台在夜暗撤退时,失却联络,窜抵衡阳,致使对长官部军部联络中断,贻误戎机,是乃技术员兵的夜间训练不严之咎！

此次本师有计划撤退，并非被击溃。原拟转进至李家堰西南地区整顿队势，俟机再行作战。只因电台失却联络，致使再战计划全归破灭。令人怅怅！

（2）师在转进途中，各级干部未能确实掌握部队，致使不能同时到集合地区甚多，这是夜暗行军不熟练，领导者得毋引咎自责乎。

5. 得力整训、校阅。本师此次以四团兵力抗日第三师团全部及四十师团一个联队，鏖战五日，阵地屹立不动。其所以有此战果者，应得力于年余整训，两度校阅，战技与士气均获极大鼓舞耳。

（附图三张）

附图一

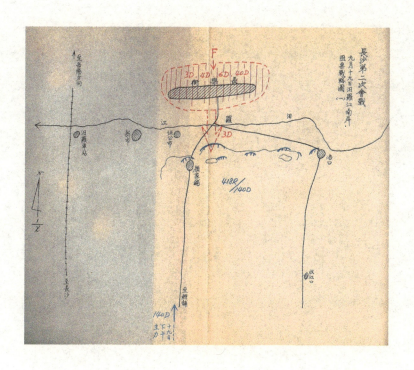

附图二

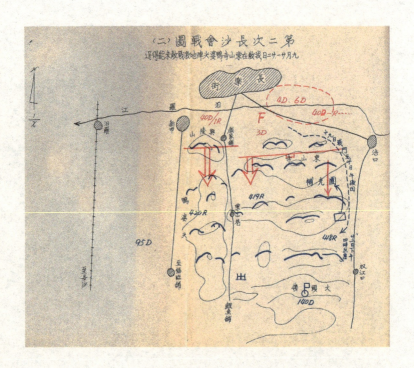

附图三

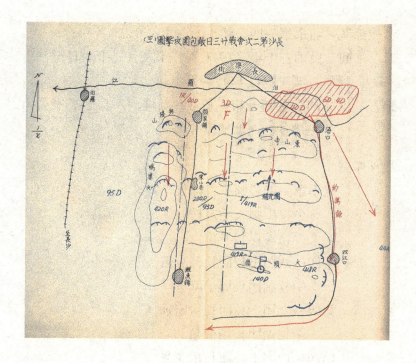

长沙第三次会战

参战部队 陆军第一四〇师
时　　间 民国三十年（1941年）十二月二十八日至三十一年（1942年）一月上旬
地　　点 湘阴县新开市—长沙—新墙河—岳阳晏家大山—桃林、西塘地区

战斗序列

　　　　陆军第一四〇师中将师长李棠
　　　　　　少将副师长毛定松
　　　　　　少将参谋长尹孚
　　　　第四一八团上校团长郭克俄
　　　　　　中校副团长周子濂
　　　　第四一九团上校团长徐定远
　　　　　　中校副团长杨伯超
　　　　第四二〇团上校团长牟龙光
　　　　　　中校副团长周挺
　　　　补充团上校团长程奎朗
　　　　　　中校副团长宋希平
　　　　　　炮兵营中校营长程克刚
　　　　　　工兵营中校营长张永祐
　　　　　　辎重兵营中校营长彭裕初

兼卫生队中校队长蔡心龙

野战医院中校院长吴步进

特务连上尉连长李发春

陆军新五四师中将师长孔荷宠

湖南第二挺进纵队少将司令王剪波

壹　敌情

1. 盘踞岳阳之敌，于十二月中旬以来，兵力陆续增加，铁公路运输亦骤形活跃。战备日亟，大有蠢动之势。

敌第三、第六、第四十等师团。另有第四、第五师团各一部均已相继到达。据报尚有第二线兵团，如第十三、第十五、第五十九、第一一六等师团之一部，亦将随后到达岳阳。

2. 本月下旬，敌突以数纵队，分向我友军防区新墙河以南窜扰，正在汨罗江北岸地区战斗中。大有山雨欲来风满楼之概。

贰　师之态势

长沙第二次会战，本师在汨罗江以南，颜家铺兴隆山—东山寺栗山巷鸦婆尖—大头岭鲤鱼铺地区与日寇第三师团及四十师之一部连续激战五昼夜，给敌重创，并迟滞其前进。俾我后续兵团得就攻击准备位置。我官兵奋勇杀敌，蒙受重大伤亡！战后奉令集结金井地区整训。

一、星夜增援，攻占新开市

奉命出发：十二月二十八日十八时，奉军长陈电话："……到现在为止，我留不住贵师了！今天自晨至暮，我跟长官商谈贵师作战任务，长官坚决表示：令贵师立刻准备出发。限本日十九时开始行动。并限明二十九日黎明前到达新开市，增援九十二师，击退来犯之敌。"又嘱："雨后归长官直接指挥。"随由军参谋长转来长官薛命令。

比以时间匆迫，毫无准备。阴雨连绵，行动至感不便，又以辎重营被兵站借用，更增行军困难。

1. 当即决心作如下部署：

（1）亲率四一九团及四二〇团第一营，师参谋处各直属营连，先行轻装遵令出发，向新开市急进。

（2）四二〇团（欠第一营）、四一八团、补充团野战医院及大行李等应于晚九时出发跟进，统归牟团长指挥。

（3）着参谋主任先以电话通知各部尽速准备，并派员来师领取出发命令。

2. 十九时甫届，预定轻装先行出发部队，已集合完毕。时正雨雪连朝，夜色昏暗，在破路犁田灌水、行路难之境况下，官兵倍感艰苦。尤以夜深寒气逼人，衣裤尽湿，更增加行军困难！

二十九日拂晓前，行抵李家塅，距新开市约十华里之遥。当以九十九军九十二师与我既无直接联络，长官部亦无通报。新开市是否尚为友军据守？敌情如何？无法悬揣。当以电话向长官部请示。据吴参谋长答云："长官已在不久前就寝，梁师长最近亦无报告……"即放下电话筒。

在此情况不明之情形下，立即决心：只当新开市已被敌攻占；否则，我师如在无准备之下冒险前进，必致误事！乃立令徐团采取战备行军态势，预期与敌遭遇，向新开市搜索前进，并展开地图指示现地。倘前兵与敌发生战斗，团主力应立靠左登上沙塘嘴山地，居高侧击敌人，以收先制之利。

3. 击退新开市之敌：部署既定，徐团立即遵令前进。予亦随率师部直属队及周营，向斩儿桥方向前进，约行数里，即闻枪声大作，判断徐团方面已发生战斗。须臾，斩儿桥东北方高地有发射点放机枪声，向师部行进路射击，判断或是敌行进间右侧搜索队。当面令特务连李连长率该连，迅速登山扫荡。少顷，李连长负重伤！即令周营推进师部前方小高地警戒待命，并令副官处龙主任登山指挥特务连继续扫荡。时天色黎明，敌机三架凌空扫射，立令师部直属各部在骑兵连掩护下，逐次移向斩儿桥东方小高地黄金塅地区疏散。

4. 据徐团及谍探报称：

（1）当面敌为丰岛师团之一部昨日攻占新开市，今晨出发向长沙进犯。

（2）敌为步炮混合编成之纵队，似不下三千人，在破路犁田灌水之道路上行军殊为不便。

（3）本团主力遵谕，经已占领路左侧一带高地，瞰制侧击，正攻击战斗中。

5. 上午七时许，牟团毕营到达黄金塅北端，立命经白鹤洞口向右旋回，向新开市东南方攻击前进，协力徐团夹击新开市之敌。

七时三十分，牟团长率刘营陆续到达令牟团长督导该团，经斩儿桥向新开市东南侧进攻，并令周营归建。同时，令两团协力围击当面之敌，务于上午十一时前将该敌扫荡。具报。

6. 八时顷，牟团前进后，即令师部及直属部队移驻白鹤洞口附近。郭团在黄金塅丘陵地带待命，补充团在师部左侧后地区为预备队。

（1）以电话报告长官部，向新开市敌攻击的战斗概况。

（2）令谍探深入敌后汨罗江及其以北，搜索敌人动态。

（3）予率必要幕僚亲赴斩儿桥以北，指挥督励徐牟两团协力攻击。我士气旺盛，攻击猛烈，敌遭我优势迫攻，似有动摇之势。

当严令奋勇攻击，虽有相当伤亡，仍需勇敢的冲击。近午，敌且战且却，徐团第二营奋力冲进新开市，立将残敌扫荡。

当以连日阴雨，遍地泥淖，且我官兵竟夜行军，异常辛苦。随令徐牟两团除以一部实行追击，主力就地停止警戒。

7. 立向长官薛军长陈报捷：艳午攻克新开市，敌向北逃窜。

8. 令徐团以主力守备新开市地区，以一部进出该地区以北，向敌警戒。并令于今午夜以前，以一营分为两支队，实施夜袭，以打击敌之士气，造成紊乱，杀伤掠夺情报为目的。务猛烈执行之！

9. 牟团在新开市东北东南地区休息警戒。综合各方报告：败窜之敌，为敌第三师团之一个联队，其主力于昨夜及今晨陆续渡江者不下万余之众。现在汨罗江南岸附近地区，及其以南开进中，依据长沙第二次会战经验，该部常用中央突破战略，非经大挫折，不会轻易变更。以此，本师必须严阵以待。

当立做如此之处置：

（1）将当面敌情报告长官薛军长陈。

（2）令徐团牟团立就阵地，实施工事，其已构筑者加强。郭团应以有力之一部，进驻黄金塅附近，对北构筑工事。主力由原阵地向东北延伸，就地构筑工事。统限于日没前完成野战工事。

（3）派员向九十二师方面联络。

（4）饬令谍报队全部出动，深入敌后，广泛搜索，务注意敌之动向、士气、兵种……随时具报。

10. 日已西沉，我官兵昼夜奔波战斗，极为辛劳，理应获得一夕安闲休息。本晚除预定徐团之一个营于午夜前向敌袭击外，均未另派任务。

11. 夜已深沉，大地一片宁静，简直不知是在战地。

午夜将近，据徐团长报告：

（1）遵令准备夜袭，经已完成，决定零时开始。

（2）右翼袭击队，预定由敌左外翼突入；左袭击队，预定由敌右正面攻入。一鼓作气，尽力向敌腹地突进。

零时立身高处，向北瞭望。只闻开始时一阵猛烈枪声，少时即呈稀疏，知已得手。

移时，接徐团长报告：

（1）夜袭队已返防，据报：敌警戒颇为薄弱，仅外围有部分警戒部队，余皆缺口。

（2）敌见我队勇敢袭入，惊慌失措，向北奔窜。除在场击伤毙数十人外，俘虏十三人。以夜色如墨，地又泥滑，俘虏顽抗不走，不得已半途格杀。并虏获骡马二十四匹，战刀四十一把，步枪十五支，步机弹万余发，军品甚多。我无伤亡。闻报甚喜！立即传令嘉奖；并赏国币二千元，以资鼓励！当即电报长官薛军长陈报告夜袭经过及成果。

奉长官薛回电，颇蒙奖励！并要求赠送虏获战刀一柄，以资纪念。令后方留守处李主任，俟战刀后送，即选送战刀两柄亲送长官薛。

三十日晨，当面敌毫无动静，令人悬揣：将俟后续部队到来耶？为监视全正面敌动态，特派郭团三营杨营长率该营附小型无线电机一架，攀登隐珠山隐密监视。倘发现敌情，随时电报。

在此情况下，决心向当面之敌攻击。随即以电话请示长官薛。奉谕：本部已订歼敌之计，贵师仍在原地监视敌人，待命行动。

日没后，八时许，接杨营长电话：敌千余由隐珠山东侧大道南下。接报后即转报长官部。晚十时、十二时……连续电报有敌后续大部队经由隐珠山东侧南下，相继转报长官部。敌为远离本师，特由隐珠山东侧大道，经福临铺向长沙前进。

本师为战略束缚，否则，自新开市东北经隐珠山迄其以南部署侧击部队，以主力控制于新开市东北地区，于午夜前全线发动攻击。敌在方向，地形不明，敌情不辨；尤以敌最拿手制敌武器——飞机、炮兵不能运用。猝遭攻击，必致紊乱，甚至自行拼战。终必遭致灭亡之悲运。似此，夜间侧敌行军，实为军家之大忌！

十二月三十日晚起至一月一日拂晓，据杨营长报告：敌军陆续向长沙行进，为数甚多，似不下两万之众。

二、挺进长沙，威胁攻长沙敌侧背

元月二日已，奉长官薛电：

1. 敌对长沙攻击，已于一日晚开始。我第十军正奋力战斗中。

2. 贵师限二日午后三时，由驻在地出发，循明月山东麓大道向长沙前进，攻击敌之侧背，并限午夜前到达浏阳河北岸，以一部进出浏阳河南岸。右与梁师联络。

3. 贵师新开市白鹤洞防区，已令高魁元师接替。

奉令后下达出发命令：

1. 敌军于一日晚向我守长沙第十军发动攻击，战斗现在进行中。

2. 本师顷奉令，限本日下午三时由现驻地出发，循明

月山东麓大道向长沙前进，攻击敌之侧背，并于午夜前到达浏阳河北岸，以一部进出浏阳河南岸。

3. 郭团为前卫，次按师部及直属队、牟团、徐团、补充团、大行李、医院、辎重营顺序。行进时，予在师部先头。

4. 郭团应派杨营为左侧卫。郭团到达浏阳河北岸时，迅即派该团周营进出该河南岸侦察敌情，严密警戒搜索，随时具报。

各部遵令准时出发，向长沙前进。

三日凌晨，郭团进抵浏阳河北岸，周营已越过该河，正部署警戒搜索敌情中，师各部亦先后抵达浏阳河北岸待命。

黎明前，遥闻在石灰窑方面有大队人马行进声，疑为敌人有大部队增援到达。正疑信参半中，随令搜索队立即搜索具报。

旋据确报：石灰窑—麻林桥大道上有大队日本部队向北急进中。内心大悦！认为天予杀敌良机。立即传令各部，在一小时内进膳完毕待命。

三、挺进岳阳，努力攻击

1. 三日上午八时，奉长官薛江卯电，限即到：

（1）攻击长沙之敌军，自本晨五时向北败窜。

（2）贵师挺进岳阳，限四日内到达城郊，展开攻击。具报。

奉电后，予认为很难实行。因长沙距岳阳约为三百五十里，在现时阴雨连绵、泥泞载途，况又犁田破路灌水，尤以汨罗江桥桥梁早于民国二十七年（1938年）秋即遭破坏，江面相当辽阔，即征用应用材料，亦非一蹴可成。

2. 或谓何不请示长官！军人原应以赴汤蹈火精神来奉行命令，何敢言难！当立复电遵令。决于午后三时出发，并做如下之处置：

（1）立即面命工兵营长张永祐，率该营并附牟团第三营、师搜索队，无线电机一部。应于本日上午十时由现地出发，赶赴汨罗车站，征集应用材料，架设汨罗江大桥，限六日晚完成。

（2）刘营到达汨罗江后，立即渡过汨罗江北岸，向北警戒，并协助征集材料。

（3）师搜索队以最快速度赶至汨罗江，先行设法渡江，向岳阳方面广事搜索，尤对岳阳附近敌兵力、兵种以及部署概况、工事程度、位置等详加搜索。应对维持会多加笼络，善加利用，取得敌情真实资料，并应与张营确实联系。其新市方面敌情，亦应注意。

下达出发命令：

1）攻长沙敌于本江日凌晨，开始向北败窜中。

2）师奉长官薛江卯电：贵师限四日内到达岳阳城郊，对该敌展开攻击。具报。

3）本师决定于三日下午三时，由现驻地出发，向岳阳急进。

4）行进时依下列顺序：徐团、师部及直属部队、牟团、郭团、补充团、大行李、医院、辎重营。

5) 行进间，予在师部先头。各团应派副营长一员、中少尉排长各一员、班长三名。在大整理后，收容管理各该团落伍官兵。

3. 又令各部队：时雨雪载途，官兵倍感辛苦。中途接张营长电报：

（1）该营兼程前进，支戌（四日晚上七时到九时）抵汨罗江南岸。搜索队刘营均立刻过江，占领掩护阵地，并协征材料。

（2）汨罗江北岸，原有敌步兵二排对南警戒，我刘营到达前已北撤。

（3）江面水宽百余公尺，正激励官兵奋勇征战中。

复电张营长，勉以星夜赶工。

六日晚十时，先头徐团抵达汨罗江畔。

师连日排除万难，赖官兵奋发，勉能到达。得知临时桥甫于前一小时架成，甚为欣慰！当对架桥努力官兵优予嘉勉，并奖国币一千元正。

立令徐团以行军态势，先行渡河。尔后即推进至黄沙街以南地区，集结待命，严密警戒，尤以对岳阳方面。后续各团，仍按原行进顺序，乘夜暗鱼贯渡江。并令副师长毛定松暂留南岸，督导部队，循序渡江，不得阻滞！务于黎明渡江完了，免为敌机所乘。

令参谋主任刘怀哲暂在北岸桥头传达下之命令：

1. 徐团既面命在黄沙街附近集结，对北警戒待命。

2. 师部、直属队在关王桥、大荆街之间以南约十华里附近地区，集结待命。

3. 牟团在大荆街附近集结待命，注意警戒。

4. 郭团在关王庙附近集结待命，注意警戒。

5. 补充团在大荆街、关王桥之间后约十华里地区，集结待命。

6. 牟团周营，俟各部队渡江完了即行归建，师搜索队仍执行原任务。

7. 工兵营俟各部队渡江完毕，留一连监护外，张营长率其余部队到师部报到待命。

8. 七日拂晓前，师全部渡江完毕。长沙距岳阳这样遥远，竟于恶劣天气下，日行九十里，直令人不敢置信！

9. 分电长官部军部：师于虞日拂晓前，全部渡汨罗江完毕。正向关王桥—大荆街地区开进中，搜索敌情，准备攻击。

综合敌情报告显示：午夜前，新市对岸敌兵站、关王庙、关王桥、大荆街、黄沙街等处敌联络站，均经撤收，岳阳城郊之敌，感到惶恐！

奉长官薛鱼未（六日下午一点到三点）电：新五十四师孔荷宠部、湖南第二挺进纵队王剪波部统归贵师长指挥。攻击桃林西塘之敌，除分令外特达。

虞寅（七日三点至五点）手令：

（1）牟团立即对新墙河沿岸晏家大山之地形以及敌工事位置、强度、兵力分布等详加侦察，准备攻击。

（2）郭团对晏家大山东侧以及敌防御工事、兵力等详细侦察，准备攻击。具报。

上午八时许，岳阳敌汽车不下二十部，在步兵五百

余、战车十余辆掩护下,由北向南企图通过关王桥大道,向新市方向前进。

立令师工兵营将关王桥大道阻绝。牟团毕营、郭团各营就近围攻,先占领路旁高地,猛烈阻击。敌拼命抗拒,伤亡殆尽。虽在战车往来冲击掩护下,也不能挽救灭亡之悲运。战至近午,敌粮秣弹药车辆全部击毁,起火燃烧。战车几有半数被击伤,不能行动。

约近正午,由岳阳窜出步炮联合纵队八百余,战车五辆,炮四门,驰来关王桥地区,在飞机三架掩护下,以炽盛火力,将我制压,且将被我击坏战车逐次拖带退回岳阳附近工事区内。我郭团六连对空监视哨击落敌机一架,顿使纵横驰骋如入无人之境之敌机,不敢再做低空盘旋扫射!

是役毙伤敌不下四百余,遗尸二百余具,虏获步枪百余枝、子弹二万余发。我伤亡三十余。

虞未,将战斗情形电报长官薛军长陈。

本日自晨至暮,亲眼所见,特需一提者:敌机三五成群,分为若干组,由岳阳起飞,有深入汨罗江以南各地侦察、掩护、轰炸者,有仅至汨罗江沿岸新市以北地区穿梭掩护投弹者,以阻碍我追击部队之截击、堵击、侧击、邀击……俾败窜敌兵,能在掩护、乘隙兔脱。北迄漆家湾、西塘地区,忙碌异常。据观察这项活动,全系掩护自长沙败逃之敌兵。沿途被我友军节节拦截,建制散失,好似丧家犬,各自逃命!全赖飞机掩护逃生。日寇此次蠢动,其能免于全军覆没者几希。

鱼夕虞晨,我谍探人员深入岳阳城郊活动,先后均有

详细报告,兹综合如下:

1. 敌控制在城郊的兵力,计五千左右,但有部分进入城郊工事中担任守备任务。

2. 城之四郊,均筑有工事,较远者建有碉堡。晏家大山南麓及城之东侧,均依地形,皆有此项构筑。看来相当坚固,非有炮兵,似不易攻下。

3. 城外及晏家大山附近,似配有野炮约一营,协助碉堡守备。

4. 战车可用者为小型,仅有十二台左右而已。

5. 近因攻长沙失利败退,岳阳机场起落飞机日必数十起,但多半是从武汉临时调来者。

6. 岳阳近来警戒森严,风声鹤唳,人心危惧,宵禁在日落时即开始。

上述情报,立即转知各团及孔王两部参考,并电报长官部、军部。

黄昏时分,连续接获各部报告:签以尊令准于八日零时开始攻击,黄昏后先行推进接敌,准备攻击。

虞夕,亲至牟团新墙前进指挥所视察。该团计划以第一、第三营为突击队,正在推进接敌中。再至郭团新墙北岸指挥所巡视,午夜方回。孔王二部亦来报告:遵令实施攻击。

八日凌晨,突闻连续爆炸声。震撼晏家大山东南一带,间以步机枪声。而东北方向亦有猛烈枪声,知为各部正在发动攻击。爆炸声,时密时疏,延续两小时余。据报:牟团三营攻陷碉堡两座,一营夺获一座,郭团亦攻陷

两座。孔王二部据报：攻击亦有进展，但以夜暗，不便深入追击。随即指示各部速在原地构筑工事，候天明续作攻击。

拂晓后，敌机三架飞窜战地上空盘旋不去。移时开始轰炸，炮兵随之发射，炮空协力，异常猛烈。我占领敌工事地区，几被夷平。"敌守兵乘机出击。我官兵浴血战斗，伤亡重大。"我牟团周营长负重伤，黄忠孝连长阵亡。郭团同遭轰炸，伤亡同样重大。

随将师迫击炮营利用地形推进第一线直后，协力步兵，予以猛烈反击，同时对空监视哨亦加强射击，使敌机不敢低飞参加战斗。直至近午，敌我僵持，午后战斗渐渐停止。

为策励再兴攻击，令各部在占领地区内尽量利用地形，构筑工事，减少暴露。本日战斗所以死伤严重者，即因利用地形不甚适当，幸能依附敌碉堡工事，得以减少损害耳。

为明天进攻顺利，我曾面示各团长：凡参战官兵，在日落前应仔细观察地形状况，道路、沟壑等可以渗入敌阵地者，均须牢记。

据报：岳阳附近居民对国军怀有好感，似此，必要时不妨请求协助。或予奖励，由民众带路钻隙深入，一举而突破敌之防御核心，使不战而屈。大事济矣。

为提高警觉，激发斗志，颁发再度攻击命令如下：

1. 岳阳敌负隅顽抗，师于明九日凌晨再次攻击。奋我神武，予以粉碎。

2. 牟团继续前任务，但应于日落后推进第二营，接替伤亡重大之第三营，于九日凌晨向当面敌攻击，并与郭团联系。

3. 郭团应以一部推进岳阳东面，于九日凌晨向当面敌攻击，并与牟团协力。

4. 徐团主力，于日没后推进郭团左侧东南方地区，策应牟团作战，并以有力之一部相机向桃林袭击，应与孔师联系。但各团于攻击未开始前，应尽力搜索敌情地形。

5. 师部率补充团于本日黄昏后，推进大荆街东北地区。

九日凌晨，各部发动攻击，杀声四起，知为各部在夜袭后冲入敌阵，实施白刃战！俄尔手榴弹爆炸声、追杀声、步机枪射击声……山鸣谷应，震动心弦！敌炮利用照明，猛烈发射。我虽以优势钻隙绕攻，夺取一部碉堡工事，但伤亡难免过大，歉未克尽全力。令人怅憾。

移时，据各部报告：此次袭攻，初尚顺利进展，但敌抵抗力逐次加强，而兵员亦增加。虽我官兵奋力冲击，在仰攻情势下终难突破。

综计三日攻击，官兵死伤不下千余，仍不能突破岳阳城郊工事！长此屯兵坚城，殊非长策。静夜自思，为之悚然。

孔师对桃林、王纵队对西塘之袭攻，自午夜发动，激战至拂晓，仅能夺取外围少数据点，并未攻进核心，但伤亡亦颇不小！于黎明前撤回原阵地。据报：防敌反击耳。

回思敌窜据岳阳，为民国二十七年（1938年）冬月，今为民国三十一年（1942年）一月，经已三年。以如此悠

久之岁月，敌认岳阳为侵略中国西南之重要前进基地。哪有不认真经营，使之能承受相当压力！故守备兵力不下一旅团，山野炮一营，飞机战车可由武汉方面调用，朝发夕至。其装备方面实较我方为优势。

今我以无攻击武器装备，而对有攻击武器装备之城堡攻击，似不合逻辑。其能奏功否？反复思维，乃向长官薛建议。

限即到长官薛密，职师奉命进攻岳阳，官兵异常兴奋！今攻击三日，伤亡特重！缘敌工事坚而火炮优也。职意乘此敌人攻长沙新败，乘机夺取岳阳，诚为千载良机。拟请增援山野炮兵一个团，平射步兵炮两个连，高射炮兵若干。职为钧座攻取岳阳，葬该敌于洞庭之渊！如何？乞示！

并命各攻击部队，立即加强工事，巩固既设阵地，搜索当面敌情。师搜索队加强岳阳城郊敌情搜索。随时具报。

天明后，前线一片宁静，我因静待长官回示，故未计划再兴攻击。但见敌大编队飞机出动，穿梭往返于漆家湾、西塘以东迄新开市大道沿线。随时投弹，阻我渡江部队尾敌追击。只见敌兵漫无秩序，争先恐后，一盘散沙，比前所见者尤为混乱。诚所谓"溃不成军"！此时，我师如能由西向东，加以广正面侧击，必能斩获丰硕。乃以任务关系，不敢擅专，未免可惜。

佳戌奉长官薛佳酉电：贵师着即集结，候令回防。孔王二部另有命令。

奉长官薛佳酉电令后，先以电话命令第一线郭、徐、牟三团，先作撤退准备。除在重要地区酌留一部掩护，俟灰晨二时再行撤退跟进外，大部限于灰晨零时，撤离阵地，务必保持秩序！先向新墙河以南关王桥、黄沙街、大荆街地区转进。待命，另有笔记命令。

叁 检讨

一、由金井驻地驰赴新开市增援，击退占领该市之敌，收复新开市

1. 仓猝出发：正值天候恶劣，泥泞载途，大有行路难之苦。幸官兵用命、士气旺盛，虽在情况不明之行进途中，判断将有战事发生，预作遭遇之准备，竟能按照计划，勇往迈进，实施攻击，一举收复新开市，达成任务。倘若徘徊瞻顾，犹豫不决，必致贻误戎机！

2. 敌第三师团先头约一联队，受天雨破路等交通不良影响，在行进间猝遇我师，遭受不遇期攻击，被迫退出新开市，后又遭受强烈夜袭，损失甚重。不得已迟至三十日晚，才绕道经李家塅—福临铺向长沙前进。于一日夜，才开始向长沙守军进攻。似此，我师对新开市之攻击，为长沙守军争取二日加强工事时间，弥足珍贵。

3. 大敌当前，分秒必争！在劳师远征前更须重视。因此，在命令未发出前对师以上之主管，应先行提示。俾预作准备。况在天候不良时，更有必要。此所谓为长官者应了解部下实行之苦耳。

4. 雨雪连朝，道路不良特甚，敌重武器运用不便，即步兵行动亦大受限制！此天时地利助我成功也。加以敌既于日间击退九十二师，又不虞我师之如此迅速到达！乃我

师竟在三十公里外骤然赶到,恰如天降神兵,能不令敌仓皇失措!且我又先机掌握战场地形优势之利。此敌之所以且战且却,终遭两面夹击,不得不退出新开市,向北败退。

二、师由白鹤洞南下压迫攻长沙敌侧背

1. 本师和梁师联袂到达浏阳及捞刀河地区,在利害上说恰似两把利刃,由敌身后插入敌颈项间。其能不大惊失色,顿觉生死存亡、迫在眉睫间?兵法云:"腹背受敌。"此之谓也。焉能不逃?此次行动,虽未参加追击战斗,但精神上给敌威胁十分严重。

2. 追击战所以扩张战果,而能以溢出追击,捕捉敌人于战场而歼灭之,尤为善之善也。此兵法所以强调"溢出追击"者也。今敌我之势既已形成,而我师竟不能收溢出歼敌之果,惜哉!

三、挺进岳阳

1. 围魏救赵,古有明证,原是上策。但悬军深入,顿兵坚城,舍歼敌之机,而求不可必得之利,以应审虑!本师以忠勇精神、骠悍行动,果于限期内排除万难,遵限抵达岳阳城郊,有足多者。致使岳阳之敌,惶惶不安,大有风声鹤唳之概!敌酋曾面对岳阳自治会会长表示:中国军队作战有这样勇敢,真令人重视。可见,敌军已为我忠勇行动所震慑!

2. 岳阳敌守军有山野炮、战车、飞机等现代化武器,且有据守城墙碉堡之利,以逸待劳。反观我军仅持有轻武器，竟敢向敌攻击者，恃有忠勇爱国精神，迫敌畏惧龟缩于工事之内，不敢越雷池一步。虽然，我将士用命，精忠化碧，劳而无功，能不痛哉！然斯役也，确足使岳阳守军及败退之敌精神更加崩溃，亦有足多者。

（附图六张）

附图一

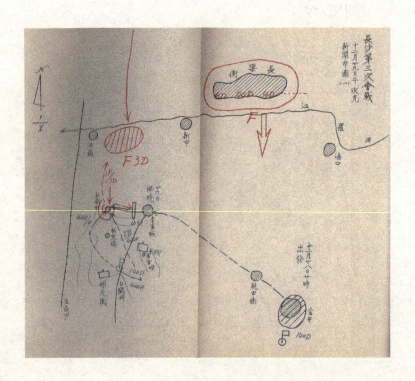

附图二

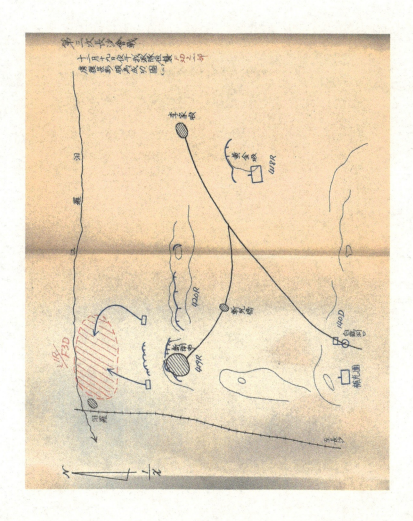

附图三

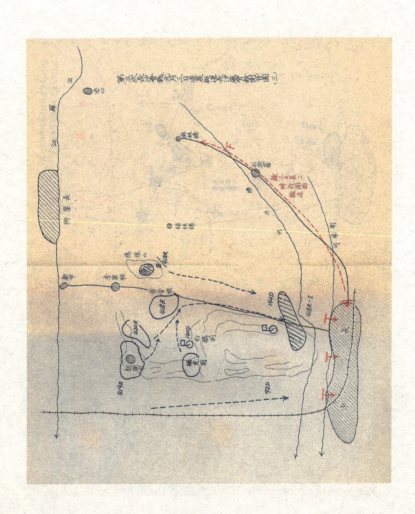

附图四

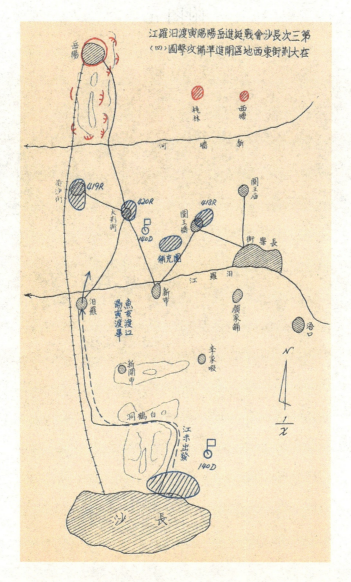

附图五

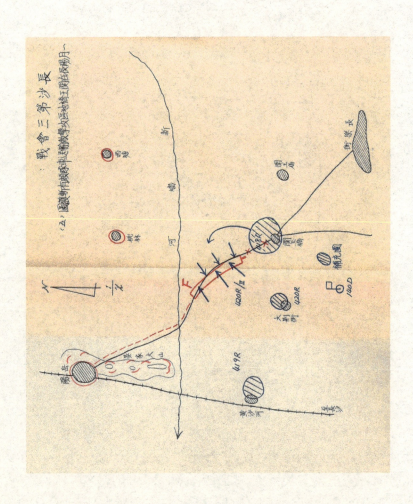

附图六

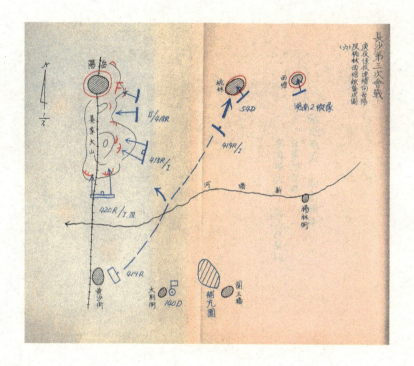

第九战区 湘南战场

常宁防御战
粤汉铁路良田坳上阻击战

常宁防御战

参战部队 陆军第三十七军
时　　间 民国三十三年（1944年）九月上旬至九月底
地　　点 常宁县城郊

战斗序列

第三十七军中将代军长李棠
　第六十师少将师长黄保德
　第一七八团上校团长袁再志
　第一七九团上校团长李亦炜
　第一八〇团上校团长谢日旸
　第一四〇师少将师长毛定松少将、副师长徐定远
第四一八团上校团长郭克俄，中校副团长周子旷
　第四一九团上校团长杨伯超
　第四二〇团上校团长尹孚
　　　中校副团长周艇
　　　炮兵营中校营长宋希平
　　　工兵营中校营长张永祐
　　　特务连上尉连长李发春
　　　辎重营中校营长彭裕初

野战医院中校院长吴步进
兼卫生队中校队长蔡心龙

壹　战前敌我态势

1. 敌于八月八日,在伤亡重大的情况下,攻占衡阳。立即补充整顿,颇有继续西向侵犯桂柳地区之企图!

八月下旬,敌主力发动攻势,经湘桂铁路向西窜扰。当与李玉堂集团军在冷水滩附近发生战斗中。

据报:敌第三师团似将渡菱河,经常宁—零陵—蓝山入侵广西。

2. 本军于八月十八日,奉令由安仁附近,经衡阳南方渡过菱河,向常宁西南地区集结。八月二十二日,奉长官薛命令,要旨如下:

(1) 奉军委会核定:三十七军军长罗奇率第九十五师经零陵—蓝山入桂作战。

(2) 第六十师、第一四〇师仍留湖南作战,归中将副军长李棠指挥,担任常宁桂阳地区守备,阻击由衡阳西窜之敌。

贰　部署

1. 命令发表后,当决定常宁南黄毛铺为指挥所驻地,该地距常宁南约二十华里。

2. 奉长官薛电话:"该指挥所应设置必要直属部队,

报本部核备,并发械弹装备经费。"

乃下达左之要旨命令如下:

(1) 敌情如贵官所知。

(2) 第六十师遵长官薛命令,指定守备常宁城郊,应立即构筑工事,坚决阻击敌之西窜。

(3) 第一四〇师(欠徐团),应选编能战之营连,适当占领黄毛铺—常宁间要点,策应六十师作战。

(4) 军指挥所设黄毛铺。

"查第一四〇师于民国三十三年(1944年)春,经军长罗奇指定后调,并指定立即拨补第六十师、第九十五师各一团。迨同年敌四次进犯长沙,军委会发布命令:凡后调师立即恢复为前方师。但罗奇将军委会命令稽压,不予公布,且继续指定第一四〇师仍将员兵拨补第九十五师。

予初不明前情,于就任指挥后,为充实战力,电军委会请求恢复第一四〇师为前方师,以利作战。奉令以该师早经恢复为前方师有案。"

叁 战斗经过

九月一日第六十师甫将城垣郊区工事构筑完成。据谍探报告:"本日晨自荫田墟向常宁窜犯之敌为一加强营,并有大部后续部队(步骑炮混合编成)。传闻系敌第三师团所派出。""内心自语,敌第三师团在第二、第三次长沙会战时,曾与我一四〇师血战多日,这次又来了!"立命两师加强工事,严阵以待。

正午顷，敌机多架飞来常宁上空侦察，盘旋甚久。下午三时许，敌先头部队渐次接近常宁郊区。敌炮在飞机观测下开始发射，步兵亦逐次展开向我攻击。直至黄昏来临，战斗方渐沉寂。

自本日晚起，敌后续大部队在其对阵部队掩护下，一连数夜绕由城北避开我邀击，向零陵方向窜犯。预计西窜之敌，不下一师团之众。

我盟军飞机亦间来助战，每在我对空布板指示下实行轰炸，敌军颇有伤亡。惜不能在我敌战斗时适时飞临上空，给敌步炮兵一大打击，引为憾事。

我士气颇为振奋，形成对峙状态，但常宁为我军扼守，对敌后方交通实为一大障碍，恰似芒刺在背。因此，每间三五日有敌后续部队经常宁西窜时，必对我黄师施行攻击。如此，习以为常。

十九日，敌自耒阳调来步炮兵千余，又自祁阳抽来一纵队，亦为步炮混合编成，综计不下二千，分在常宁东西两方面展开。自午后三时，开始发动攻击。敌机亦来助战。我以敌来势汹汹，亦急电请盟军派机立来常宁协力作战。日没前，战斗正酣时，盟机五架凌空，敌机已先北窜。但盟机在我（布板）指示下对敌投掷大量炮弹，城郊为之震撼，敌伤亡颇重，攻势顿挫。自此敌改在夜间攻击，郊区据点渐遭破坏，直薄城垣。毛师亦奋力侧击、截击。但以战力有限，每被敌侧卫阻止。

我黄师已陷于苦战状况，屡电请盟军派飞机来常宁支援助战，多不得要领。

九月三十日午后,敌由衡阳增援部队不下二千余,攻击异常猛烈。城垣被炮空协同炸毁数段,我守军虽冒火抢修,实难如意。毛师虽奋勇攻击、牵制,无如兵单力薄,每被敌阻止。筹思良久,不得已报请长官薛准许撤出城垣,整顿队势,充实战力,再行作战。

午夜,奉长官薛电准。黄师当于酉东凌晨,撤离常宁城郊,退据黄毛铺附近,与毛师协力,阻敌南窜。

十月一日拂晓,发现敌跟踪追击部队,已至黄毛铺东侧,距我指挥所百余公尺之遥。敌发射步机弹,纷纷着于门首墙壁上。警卫步兵连正对该敌攻击中。当令黄师派队协力驱逐。移时,方将来犯之敌击退,毙敌五人。

此次战役历时月余,黄师官兵伤亡甚重,不下三千人,毛师亦伤亡百余人。

午后,据谍报队报告,犯常宁之敌第三师团部队业已西调,改由第六十八师团之一部代替。

自本年五月间倭寇四次进犯湘北以来,业经半载。本军由湘北转战至此,不唯伤亡重大,抑且身心俱疲!似应即时整训,充实战力,再行作战。

奉长官部蒸支午(十月四日午)电令:"贵军黄毛两师,即在黄毛铺—桂阳间之将军岭地区驻防整训,并监视常宁之敌。"当于蒸戌(十月十日下午七点)下达命令要旨,如下:

1. 敌六十八师团之一部,已代替第三师团部队,占据常宁城郊。

2. 本军奉长官薛命令:在黄毛铺—桂阳间之将军岭地

区整补，并监视常宁之敌。

3. 黄师驻将军岭以西地区，毛师驻将军岭以东地区，务将地形要点控制，并各推进一部进出将军岭之线前方，占领有利地形，构筑前进阵地，对常宁敌监视警戒。

4. 两师战斗地境为将军岭南北延伸之线，线上属毛师。

5. 自即日起，应积极整训。

6. 军指挥所设流渡桥国民小学。

肆　检讨

1. 本军虽号称两个师，但以第一四〇师，于民国三十三年（1944年）春间被罗军长指定为后调师，立令拨补两个团给第六十师及第九十五师，今于入桂前再令拨补三个编足步兵连给第九十五师，该师战力大为削弱！远不及长沙第一、第二、第三次会战时，每能对抗日寇一师团之众，且能给以重大杀伤，亘数昼夜战斗，确保原阵地。今则无力，徒唤奈何！

2. 本军此次作战任务为牵制持久，今黄师坚守常宁城郊匝月，使敌后方联络困难，任务差可达成。尤以数度经敌炮空协力猛烈轰击，奋勇抵抗，与阵地共存亡之为国奋战精神，实足赞佩！

（附图一张）

附图一

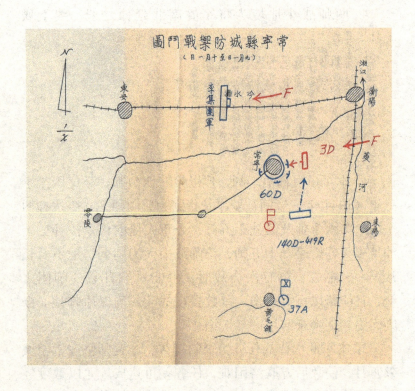

粤汉铁路良田坳上阻击战

参战部队 陆军第三十七军
时　　间 民国三十四（1945 年）年一月二十九日至二月七日
地　　点 粤汉铁路良田坳上

战斗序列

　　第三十七军中将代军长李棠
　　第六十师少将师长黄保德
　　第一七八团上校团长袁再志
　　第一七九团上校团长李亦炜
　　第四一八团上校团长郭克俄
　　第一八〇团上校团长谢日旸
　　第一四〇师少将师长毛定松
　　第四一九团上校团长徐定远
　　第四二〇团上校团长尹孚

壹　军之态势

　　军于常宁战役结束后，因作战日久，伤亡过大。奉令在桂阳以北将军岭一带整训，并对常宁敌警戒。

贰 行动部署

1. 一月二十九日,奉长官薛艳戍命令,要旨如下:
（1）进犯桂柳之敌,近迫独山,攻势似已停顿。
（2）盘踞衡阳之敌,现积极向南窜犯,有打通粤汉铁路企图。
（3）原据蓝山之敌,有向东协攻粤汉路之模样。
（4）已窜抵茶陵之敌,似将窜犯遂川,向赣州进攻之势。
2. 贵军务于三十日凌晨,先以一师进驻桂阳,并对西南方向警戒。
3. 贵指挥所率另一师,亦于三十日午后移驻桂阳附近集结,尔后行动,另有命令。

基于战区薛艳戍命令,下达命令,如下:

1. 敌情如另纸。
2. 奉长官薛艳戍命令,分别行动如下:
（1）第六十师应于三十日凌晨开始出发,主力先集结桂阳城西北地区,以一团推进该城西南,严密警戒,防止敌之窜扰,务于拂晓前到达。
（2）本部率第一四〇师,亦于三十日午后到达桂阳附近,集结待命。

上令两师及各部处:

一月三十一日黄昏前,奉长官薛世未电,要旨如下:

1. 由衡阳南犯之敌,约一个师团,先头于三十日晚,窜抵耒阳。

2. 贵军应于二月一日凌晨出发东进，务于拂晓前越过铁路，占领良田坳上，阻敌南犯。行进时，务注意彬县方面敌情。尔后，掩护工兵独五团破坏砰石大隧道。

3. 本部于今午夜，出发进驻汝城。

奉长官薛世未电，立即下达命令如下：

1. 敌情如另纸。

2. 军遵令，应于二月一日零时出发。两师各自觅向导，取捷径，向良田坳上急进。

3. 毛师向良田，黄师向坳上，（均在铁路线上）分途迈进。

4. 到达后，立即阻断铁路，破坏路基，并对北对西扼要构筑工事，阻击敌之南窜。

5. 军指挥所在毛师本队先头行进。以团为单位，应派官长班长收容落伍士兵，并督促跟进。

军于黎明前，抵达良田以东地区，据两师报告：均遵令部署施工中。

叁　战斗经过

据报，南窜之敌，先头于二月一日黄昏窜抵彬县北门附近停止。预计二日当可窜抵坳上附近地区，将与我军发生战斗。

随令两师提高警觉，并令黄师于阵地东南侧后控制有力部队，务求隐蔽。俟其近接，出其不意，突然强烈侧击，给以意外损害！

二日午后，南窜敌渐次近接坳上黄师阵地。下午四时

许,敌机三架凌空盘旋。移时,炮空协力炸射。黄师隐匿控制部队俟敌步兵近接向我展开攻击时,立即出击,出敌不意,使之倍形慌乱、伤亡颇大,且向西南窜逃。敌后续部队接踵到达,形成对峙。

三日晨,自蓝山东犯之敌,协力向良田毛师阵地进犯,屡被我军奋勇击退;直至日没,双方仍在对战中。

黄师当面敌,本日并无攻势,殊令人疑猜。

入夜,据报敌借第一线掩护,大部南窜。正拟令黄毛两师派队向当面敌攻击,以观究竟。奉长官薛江戌电示:

1. 工兵独五团破坏坪石大隧道,已于三日黄昏前完成。

2. 该军暂在原地待命。

肆 奉令东调

奉长官薛江亥电:饬星夜向汝城附近大来圩地区急进,五日黄昏到达大来圩待命。

六日午,奉长官薛命令,要旨如下:

1. 据报:遂川敌即将进犯赣县。

2. 第九十师现在赣县城郊。

3. 贵军于七日凌晨出发,经热水—文瑛营—大廈向赣县急进,并限四日内到达。

随于六日下午四时下达出发命令:

1. 军遵长官午命令于七日晨出发,经热水—文瑛营—大廈向赣县城急进。

2. 黄师于七日上午五时出发，务于七时前通过汝城。

3. 毛师应于八时出发跟进。

4. 各师舍营官兵，由第六十师副官主任指挥，在黄师前卫后跟进，每日宿营地区如另纸。

5. 军指挥所在毛师本队先头行进。

上令黄毛两师及各部处。

七日十八时，于文瑛营奉长官薛虞午电：

1. 敌前锋已抵五云桥。

2. 赣县遵中央命令弃守，蒋经国已飞渝。

3. 第九十师已令退据大厦县，监视当面之敌。

4. 贵军即在现地停止待命。

奉电后立命各部就地整顿，实施战地训练，直至三月中旬进驻遂山县城附近。

伍　检讨

1. 各部在将军岭补充新兵在半数以上，而整训时间甫届两月，这次行军又多在夜间，且系急行军，落伍在所难免！虽各部在队尾都设有收容官兵，但难免有失散者，亟应筹设周全方法。

2. 牵制掩护都是一时攻守互用的手段，总须适时适机，灵活运用得宜，达成任务。

3. 此次良田大坳上牵制性攻击，在掩护工兵独五团坪石铁道隧道之破坏，破坏既达成，军之作战任务即行完毕。

（附图一张）

附图一

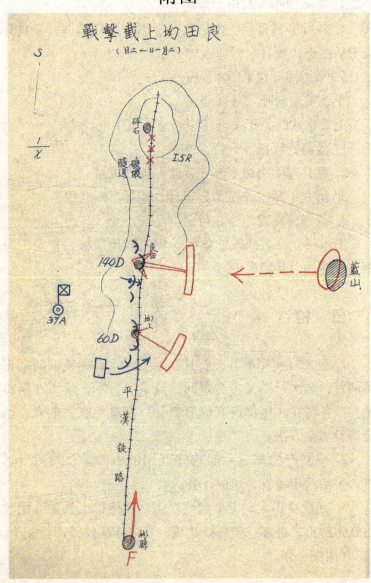

第九战区 江西战场

赣江追击战

赣江追击战

参战部队 陆军第三十七军
时　　间 民国三十四年（1945年）七月三日至八月二日
地　　点 赣县及赣江沿岸地区至吉安

战斗序列

　　　陆军第三十七军中将代军长李棠
　　　第六十师中将师长黄保德
　　　第一四〇师中将师长毛定松
　　　第九十师中将师长薛述达
　　　独立工兵第五团少将团长黄克虎

壹　前言

六月下旬，奉长官薛电令，要旨如下：

1. 敌军太平洋上之塞班岛、菲律宾群岛、硫磺岛、大琉球岛等均被美军攻占，海空军几遭歼灭之悲运。

2. 因此，日寇深入我国之黔桂粤窜犯之部队，为逃避灭亡之悲劫，有企图北逃之行动。

3. 贵军应派一个加强营，协力第二十五军攻略赣县城垣，以阻塞敌之退路。

随派毛师、郭团、杨营协助第二十五军对赣县城之攻击，但以赣县城壁坚厚，乃出敌不意，乘夜渗入西城水门涵洞，乘虚夺取西门城楼及西城。敌蜷缩于北城，准备北窜。

综合各方情报：由粤北窜之敌，有向塘江方面集结之势，为数甚多，似不下三万之众！连日以来，正向北移动中。

贰　战斗部署

鉴于北窜敌人日益迫近，战机迫切，六月二十八日下达如下部署命令：

1. 由粤北窜之敌，若与赣县北撤兵力会合，为数当在三万以上，似较本军略为优势。但退窜之敌，士气衰竭，不足为虑。

2. 本军有阻击该敌北窜之任务，拟相机歼灭该敌于赣江之滨。

3. 第一四〇师以主力控制黄土岭有利地形，占领半侧面阵地。以一部推进该地以南，占领前进阵地。先给敌以大损害，再吸引敌主力于黄土岭主阵地前，而歼灭之。

对沿赣江水路北窜之敌木船，据报为数有二百余艘，亦须予以击沉。

4. 长官部配属之野炮兵连，并令开黄土岭，协力作战，并归毛师长指挥。

5. 第六十师以主力守备机场，一部固守遂川县城，协

力第一四〇师作战。

6. 第九十师为军预备队,暂控制于毛师右外翼。
7. 独立工兵第五团在敌后活动,打击继续北窜之敌。
8. 军指挥所在遂川县城东南约二公里谢家。

叁 战斗

七月三日,敌大部队渐次接近毛师前进阵地,战斗逐渐展开,并愈演愈烈。我以逸待劳,敌伤亡颇大,战斗三日,也不能越雷池一步。

北窜之敌,初以一部循赣江东岸,主力循塘江—黄土岭大道北窜,不料在黄土岭南方遭我痛击。激战已三日,不能到达黄土岭。同时,我盟军机群时临助战,造成敌莫大苦痛和伤亡,更给我官兵莫大鼓舞!

肆 追击

敌以连日伤亡重大,始悟硬攻黄土岭非计。

六日凌晨,以一部对我黄土岭正面行牵制攻击,主力于夜暗循赣江西岸向北逃窜。我毛师发觉后,亦以一部保持黄土岭,主力衔尾猛追、猛打。在追追打打情势下,敌死伤累累,加以毛师追过遂川机场后,又令黄师加入追击,自后敌逃窜愈难,死伤愈重,于七月二十日方通过万安县城。

沿赣江向北逃窜二百多艘帆船,满载食盐、布疋、钨沙、酱末、病兵等,除少数为我军虏获外,大部均被击沉江底，亦殊可惨！

二十五日窜抵泰和，八月二日方达吉安。我士气振奋！敌若丧家之犬，在我追击部队侧击、尾击、邀击、突击……之下，惊魂不定，随时被迫应战，甚有厌倦自杀者！伤亡惨重，死伤被遗弃者，沿途屡见不鲜；呻吟之声，随处皆闻；而断头折肢，血肉模糊，横陈于路隅、水滨、草丛者，比比皆是。其焚尸场附近，更是秽气冲天，不忍闻，尤不忍睹！我民众尤以妇女老弱逃避不及者，多被诛戮以泄愤！是诚野蛮民族，毫无人性，致死尚不觉悟！

余督军追击，日以继夜。耳闻目睹，感慨万千！书云："火炎昆冈，玉石俱焚。"战地之惨，伊古如斯，而今为烈！侵略者发动战争，亦知有今日之惨痛下场耶！

追击作战将届匝月，我伤亡官兵四百三十二人，敌伤亡四千余人。亦云惨矣！

八月二日午，我毛师衔尾追击，渡过吉安南侧小河流，敌后尾部队渡过该河只一刻钟而已。这是盟军飞行员所面报者。

奉长官薛冬辰电：限即到，贵军到吉安后，停止警备。追击任务，由五十八军接替。至是本军作战任务告一段落。日军惨败，足为侵略者戒！我中华民国抗日战争，虽云辛苦备尝，终于获得最后胜利！

伍 检讨

1. 敌人数虽较多，但因战败精神颓丧，其作战行为，只求幸免通过而已，并无求胜之心。故其士气衰竭，此所以对黄土岭攻击三日不下，即另觅退路以图逃，并不坚持打通既定路线，源于战斗精神丧失耳。

2. 我有野炮四门，第一四〇师共有迫击炮六连配合，其威力相当可观。斯所以迫令敌不敢侥幸一逞，同时伤亡重大，不得不另寻退路。

3. 敌虽败退，其行动作战除非在情况迫不得已，尚能维持整体秩序，殊为难得！尤以在阻击匝月之久，其进退行止，犹能遵行指挥官命令，很少表现分崩离散之样，可窥知其原为有训练之部队。

4. 至可憾者！敌军所经之处，滥杀妇孺老弱以泄愤，充分表现凶残野蛮之天性！亦足见岛国之民，狭隘妒忌之特性。虽然死亡在于顷刻，尚无哀悔之意，亦可悲也！

（附图一张）

附图一

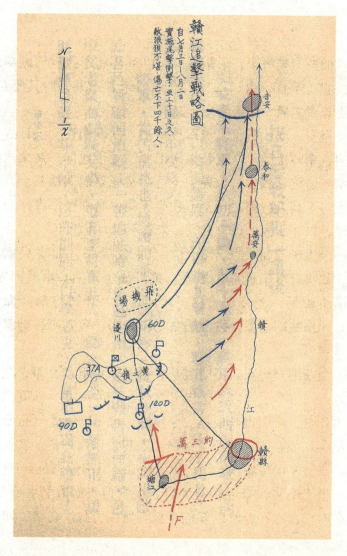

《抗日参战纪实》读后（一）

桐城李棠将军，余初不识。1968年将军执教西湖高级工商职业学校，余以忝同讲席而得亲其声劾，聆其雅言，沐乎长者之风，至定为忘年交焉。

将军，当代宿将也彼博读诗书，深娴韬钤。抗日战争期间，率师拒敌于吾邑新墙河汨罗江一带地区，时余旅游西南。迨抗日战争告捷而归，邑中父老聚而偶谈兵事，道有李将军其人，师之所至，秋毫无犯，居则壁垒森严刁斗不辍，以守则固，以攻必克，未尝不叹为良将也！

余生于战乱，长于战乱，自束发受书，即嗜兵家典籍，如将有事于逐鹿中原者。抗日战争末期，由政而军，从诸将帅后，驰逐河、洛、江、淮间，乃知将帅奔命之苦，死伤践踏之惨，拔城陷垒之不易为，敬其事，抑又悲其事焉！

余既纳交将军，不时过从，抵掌谈天下古今事，几忘形迹；而将军经纬之才，忠义之气，转战南北，仗安危而轻生死者，已能得其梗概。今年春，将军以所著《抗日参战纪实》稿本嘱为校雠。经研磨兼旬，乐而忘倦。其文其事，有若左氏传城濮，司马纪巨鹿者，且愕然失色矣！

世之论将，率以智勇为言，余则谓将必有智、有勇，尤必有仁；盖智者所以知仁，勇者所以行仁。仁者，将之体；智者，勇者，将之用也。通观将军《抗日参战纪实》全程，其当劲敌而制戎机，固多出于智勇兼人，要皆仁为之本；唯其仁，故能结兵心、服民心，而收桴鼓相应之效；唯其仁，故能以救国家、救民族为重，冒险犯难，而万死弗辞，此良之所以为良将也！然用而不能尽其才，年届迟暮，徒为老骥伏枥之吟，是又知夫天下之士，读其《抗日参战纪实》，为之掩卷太息者不寡矣。

（巴陵）冯静仁
一九七八年仲冬月于台北海天楼

《抗日参战纪实》读后（二）

抗日战争和抗美援朝战争，是中国近代史上一挽百年衰败、奏响中华民族伟大复兴序曲的两件大事，是面对强敌奋勇斗争而取得的救亡图存的伟大胜利。

关于抗日战争的胜利，至今还有许多的议论。或囿于成见，或附和日寇至今不止的抵赖，否认中国人民的奋斗牺牲，否认中国人民能够独立取得抗日战争的胜利。今就后者试剖析如下。

中国人民是否能够独自击败日本，取得抗日战争胜利？答案是，能！也许不在1945年，可能还要付出更大的牺牲，但从日本悍然发动卢沟桥事变起始，它失败的命运就注定了，只是时间早晚而已。其主要原因是，日本错误地估计了形势，以老眼光看待当时的中国。回顾历史，许多人嘲笑当年日本三个月灭亡中国的狂妄，更加不解日本为何要自杀式地悍然发动太平洋战争而自取灭亡。答案很简单，日本低估了中国人民抗日战争的决心，使自己陷入了早晚失败的绝境。

先说一下三个月灭亡中国。当其时，日本狂妄吗？从1840年鸦片战争以来中国对外战争史来看，一点儿也不。第一次鸦片战争、第二次鸦片战争、中法战争、甲午战争，一直到1931年的九一八事变，中国还真没有一次不是在三个月内或兵败,或斗志全无地签订城下之盟的。日本失算的是,这一次它遇到了中国真正的誓死抵抗,这是它始料不及的。就因为中国的顽强抵抗、绝不投降,到1941年,经过中国人民几乎是孤立无援的四年艰苦奋战,日本陷入了欲进不能、欲罢不甘的两难境地。当此之时,受欧战局势影响,长期以来以中立的名义实际资助日本侵略的美国,给日本开出了药方:退出七七事变以来占有的中国领土,与中国签订和约,否则就切断对日本的石油和钢铁供应。姑且不论中国是否会接受这样的和约,就日本来说,如果是与英、法这样的西方大国作战,甚至与苏联这样的共产主义国家作战,能够全身而退,避免全面失败,而且可以保留中国东北、台湾以及朝鲜全境,这应是求之不得的好事。但是,长期以来,对中国这个两千年来文化上的师傅由献而妒、由妒生恨、由恨而致蔑视、由蔑视而视中国人为下等人的日本,是无法在两难中选择承认四年来侵华战争失败,放弃自开战以来侵占的中国领土而继续占有中国东北、台湾以及朝鲜全境的局面的。日本选择了偷袭珍珠港,妄想歼灭美国太平洋舰队、占领东南亚获取石油资源后再与美国妥协,实现把侵华战争继续到底的美梦。由于对新的文化师傅的顶礼膜拜,日本是没有灭亡美国的雄心的,是什么使它认为美国会在被打痛之后与之妥协,还是留给日本人去检讨吧。事实是再过不到四年,日本就彻底失败了。日本不思悔改,反而恼羞成怒,把一腔怒火完全倾泻到中国头上。如果中国早点儿投降,日本何以陷入两难之境;如果不是陷入两难之境,日本何以需要

冒险发动太平洋战争；如果没有太平洋战争，日本何以至今仍是战败国，无法成为正常国家？追根溯源，日本战败全是因为中国的坚强抵抗。所以击败日本的，其实是中国。但是，怎能向被视为下等人的中国人低头认输，所以日本认为未被中国击败，日本仅只是败于美国的谬论，甚嚣尘上。就是在中国，有些人不谙历史，也随声附和。日本的这种蔑华心态导致的发动太平洋战争终至大败亏输的错误决定，是他们无法言说的痛苦。认了，岂不是承认了败于中国？不认，又怎样解释非要发动太平洋战争的不得不？直到如今日本国内种种的反华思潮和行动，无不反映出这一难言之隐的痛苦、悔恨和惋惜。试想，今天的日本如果是一个由日本本土、中国东北与台湾以及朝鲜全境组成的国家，将是怎样一个强国！

然而，历史没有假设，日本人，甚至一些中国人，却执拗地认为没有美国，中国无法战胜日本的侵略。历史事实胜于雄辩，从1937年到1941年，日本虽然攻城略地，却无法使中国屈服，战争陷入胶着状态。日本若当时有能力扫平中国，何须与美国翻脸？日本人当时应是心知肚明，随着中日两国相对战争能力的此长彼消，如果中国坚持持久战，即使没有外援，最后失败的一定是日本。为了避免最终无法避免的失败，日本人选择了孤注一掷以求转机，却导致了速败。这就是历史事实。成就这一历史事实的，是中国人民与中国军队舍生忘死、英勇牺牲的浴血奋战。本书便是一名抗战老将的回忆。李棠将军用简洁的文笔，记录了中国军人"以劣势装备，与优势之强敌对抗，抱必死之心,履至危之地。炮空轰炸,血肉横飞。角逐于枪林弹雨之中,搏斗于荒墟穷谷之间,惊天地而泣鬼神者,又岂世人尽知之耶?!"

近七十年过去了,日本从来没有真正忏悔过他们侵略的罪行。他们惋惜的只是失去的机遇,至于公理正义,是全然不懂的。他们盘算的是下次如何干得更好。这正是今天日本军国主义卷土重来的思想基础。百年来积贫积弱的中国,现正走在中华民族伟大复兴的大道上。我们要和平,我们要发展,我们要建设人民幸福生活、国家繁荣昌盛的中国,我们要实现中国梦。但是闭门家中坐,祸从海外来,一百多年来的中国近代史,所有那些强加于我们的战争,有哪一次当我们示弱了、割地了、赔款了,人家就放过了我们,给我们和平,让我们发展了呢?只有从抗日战争开始,我们反抗了,我们下了决心,无论付出多大的牺牲,我们绝不屈服,才夺得了近代史上反侵略战争的胜利。前事不忘,后事之师也。回顾抗日战争,缅怀牺牲的烈士,总结经验教训,在今天更有着重大的现实意义。为了保卫和平,我们必须要有强大的国防,不但要有物质武器的国防准备,精神上的振奋、警惕更是根本之道。

在抗日战争波澜壮阔的正面战场上,有几支以善战的部队,如第七十四军、第十军、新一军、新六军等等,被广为传颂。鲜为人知的是一支在"抗战"中成长、"抗战"胜利后即解散的雄师——国民革命军第一四〇师。

第一四〇师在"抗战"中最为出彩的表现,体现在第一、第二、第三次长沙会战,以及第一次长沙会战后的冬

季攻势中的辉煌战绩。李棠将军作为参加上述战事的第一四〇师的师长，在《抗日参战纪实》中为我们留下了翔实的第一手史料，弥足珍贵。首先介绍一下李棠将军其人。

李棠（1899—1988年），字浣生，安徽桐城人。1899年10月17日生于安徽省桐城县龙河乡栲栳尖之东麓。先世耕读相传，其父晴岚公进学后便绝意科举，以教育乡里子弟为乐，恒言"人贵读书明理，余皆身外之物"。其母姚氏，乐善好施，生三子，将军其季。

将军自幼受家学熏陶，古文诗词、经史子集均潜心熟读，并能发其大义，故而日后处世治军，每与前贤若合符节。民国初年就读桐城县立中学（四年制）。时值五四运动前后，愤日寇之欺凌，每闻日人辱我，辄为哽咽；每读岳飞讨金人文告，辄心向往之。

1921年，中学毕业投笔从戎，越三年，入天津陆军军官教导团步兵科。1927年，考入陆军大学第八期。1930年，陆军大学毕业后入陆军大学研究院第一期深造，1932年毕业。登兵学之堂奥，娴韬略于胸臆。

将军初入戎行，任陆军第二十四旅第十连排长、连长，第十三军司令部少校、中校参谋。1932年5月，任国民政府参谋本部第一厅上校参谋，同年秋，调任陆军第七军第五十四师第一六二旅参谋主任。翌年冬，调任第五十四师第一六二旅第三二三团上校团长。1933年5月，国民政府特派参谋次长黄慕松为新疆宣慰使，被借调为上校军事秘书，10月仍回团长旧职。

1937年7月，抗日战争爆发；8月，奉命自贵州遵义北上抗日。忻口会战中,自1937年10月12日到10月16日,率所部第三二三团于云中河两岸下王庄、官庄正面阻击日寇精锐坂垣第五师团。10月16日,第九军军长郝梦龄与第五十四师师长刘家麒将军同时殉国。将军临危受命,指挥第五十四师的四个团,身先士卒,率部舍生忘死与占炮、空、装甲绝对优势之敌继续血战十余天,直到11月2日夜。我方反复争夺,阵地岿然不动,牺牲惨重,但也予敌以重大杀伤。

1937年底升任第五十四师第一六二旅少将旅长。1938年9月指挥横岭关伏击战,几乎全歼有枪兵五百余人护送的日寇第一〇八师团第七十八旅团辎重队,仅一百余人在飞机掩护下脱逃。毁敌车辆、骡马、辎重无数,缴获机步枪二百余、可用骡马三十余匹,俘敌三十一名(因其死斗不降,均予以格杀)。

1938年冬,奉调第九战区第三十七军第一四〇师副师长。1939年7月,升任第一四〇师师长。9月,参加第一次长沙会战,截住敌三路进攻长沙之由赣北鄂南经湖南平江直驱长沙之一路。"确保九岭一带原阵地,三面受敌,独立支持。并断敌归路、补给。稳定鄂南全般战局。"(军委会战绩考评语)战后,全师官兵获奖章、奖状一百九十五份之多;将军亦获二等宝鼎勋章。

1939年冬,参加冬季攻势,第一四〇师不顾装备劣势,奋勇强攻拼杀。官兵用手榴弹舍身炸碉堡的英勇事迹,感动了湖北通城县人民,在通城县县志上永记辉煌。

1941年9月,参加第二次长沙会战,于汨罗江南岸颜

家铺东西之线——鲤鱼铺、大头岭地区，阻击日寇第三师团及第四十师团一个联队，鏖战五日，战斗惨烈，阵地岿然不动，胜利达成迟滞敌军任务。

1941年12月至次年1月，参加第三次长沙会战，先奔袭攻占湘阴之新开市，并对南进之敌主力进行侧击、压迫，为长沙守军争取了两天的战斗准备时间。旋即尾追至捞刀河浏阳河之间地区，与第九十二师似两把尖刀刺向围攻长沙敌之后背，使敌顿感腹背受敌之压力。嗣后遵令放弃追杀逃敌扩大战果的机会，四日奔袭三百五十华里，架桥渡汨罗江，向陷敌三年已成敌军侵略中国西南之重要前进基地——岳阳坚城发起攻坚战。

1943年初，升任第三十七军中将副军长。1944年8月，日军攻占衡阳，沿湘桂铁路向西窜扰。时将军于印度蓝伽学习美国军事归来后，任第三十七军代军长该军担任常宁、桂阳地区守备，阻击日军。1945年率部参与粤汉铁路良田坳上阻击战、赣江追击战。同年秋调任第九战区长官部参谋长。1946年5月，调任徐州"绥靖"公署参谋长，兼第九十九军军长，广州警备司令。1947年夏，解职返里。1950年5月到台湾后，任"国防部"中将参议，再后终为除役中将。遂执教于桃园农职、龙华工专、西湖工商职校，教授国文三十余年。1988年7月19日病逝，终年89岁。

20世纪70年代，美国将钓鱼岛私相授受于日本管制，促使保钓运动风起云涌、牵动全球华人之心。将军以近八秩之高龄，著《抗日参战纪实》一书，以彰显我中国将士以劣势装备勇战日寇之惊天地、泣鬼神的英雄事绩，鼓舞国人强国御侮的精神。

《抗日参战纪实》一书的特点是，所有十篇战记全为亲身经历，不是亲历其境的人是写不出来的。书中有十分具体的我方忠勇将士舍生忘死、血染黄沙的英雄事迹，如忻口会战中只身以手榴弹炸毁日军装甲车的士兵王二，第一次长沙会战中反复争夺鸡笼山阵地壮烈牺牲的连长曾先任。所有内容都是具体的战役战斗过程，没有无关的私人生活，也没有只有当时最高当局才掌握的国际风云等大背景。没有事后诸葛亮式的大局高论，却有诚恳的检讨和分析，赢在哪，输在哪，今后如何改善。对全盘战局的介绍，也仅限于作者当时所知，都是上级命令中的交代。但是，这种写法却使不熟悉战史的读者无法窥全貌。所以在此简介各战役的背景。

1. 忻口会战

忻口会战是太原会战的一部分。日寇发动卢沟桥事变后，占领了平津。坂垣第五师团是日寇唯一的装甲师团，为日军第一精锐师团。1937年8月间于秦皇岛登陆越南口进平型关。于10月初，接受了攻占太原的任务，首先攻占了山西原平，接着向忻口进攻。忻口是一个较大的村落，位于山西忻县城北二十五公里处，同蒲铁路贯通南北。村西北部为红土梁，梁北的云中河流经忻口北的界河铺后汇入滹沱河。滹沱河在此由南经灵山脚下折向东北。这样，忻口村被夹在红土梁与灵山之间，成为南北之间的天然屏障，易守难攻。（以上引自郭汝瑰《中国抗日战争正面战

场作战记》）忻口可称为晋北的第二道国防要线。虽不能与平型关、雁门关比险，但群山绵亘于东西南三方面，将敌局限于袋形地区内，迫使其只能采取中央突破，绝难实施包围攻击。据郭汝瑰，1937年10月6日，毛泽东致电周恩来，要其转告国民政府军事当局，指出这次作战的关键有三点，即除坚守娘子关、龙泉关外，还有"正面忻口地区之守备与出击"。

忻口正面防线宽二十五到三十公里，分为左、中、右三个地区，总指挥为卫立煌。中央兵团辖第九军（缺第四十七师，仅第五十四师）、第二十一师、炮兵第二十三团及第三十六团之一营、战防炮营装甲二队，由第九军军长郝梦龄任指挥官，第六十一军军长陈长捷任副指挥官，指挥部设在忻口西北高地后沟战备窑洞内。（先后增援的部队有第十三军一个团、第十九军九个团、第三十三军五个团、第三十五军八个团、第六十一军八个团。）李棠将军时任第五十四师第一六二旅第三二三团团长，担任中部云中河两岸下王庄、官庄一带的防守任务。第三二三团是中国军队中第一个赶到忻口布防的团，激战二十余日，伤亡惨重，最后全团仅剩三百余人。但日寇坂垣师团付出了重大伤亡的代价，自秦皇岛登陆后伤亡达六分之五，虽有七次补充增员，战斗力仍在，也不能越雷池一步。由于娘子关失守，日寇从东面包抄直下太原。为避免被包围全歼的命运，上级不得不于1937年11月2日下令主动撤退。郭汝瑰在《中国抗日战争正面战场作战记》中的忻口作战简析中曾说：忻口作战是全国抗战后国民政府军与第十八集团军在战区统一部署、密切配合下所取得的正面坚守与敌后机动作战的一次成功的防御战役，沉重地打击了日军锐气，增强了中国军民抗战必胜的信心和士气。中国军队在此役中坚守阵地共二十余日，有力地阻止了日军南进，大量消耗了日军兵力，战略上起了分散日军、各个击破的作用，符合"持久"、"消耗"作战的战略总方针。守军官兵的作战英勇，高级干部身先士卒，军长郝梦龄、师长刘家麒、旅长郑廷珍先后牺牲，负伤的更倍其数。这一方面说明战况激烈的程度；另一方面说明诸烈士视死如归，表现了中华民族可死而不可侮的爱国精神，对抗日军民起了激励作用。毛泽东在 1938 年 3 月 12 日《在纪念孙总理逝世 13 周年及追悼抗敌阵亡将士大会的演说词》中对此作了高度评价，对光荣牺牲者真诚悼念。他说："八个月来，陆空两面都作了英勇的奋战，全国实现了伟大的团结，几百万军队与无数人民都加入了火线，其中几十万人就在执行他们的神圣任务中光荣地、壮烈地牺牲了。这些人中间，许多是国民党人，许多是共产党人，许多是其他党派和无党派的人。我们真诚地追悼这些死者，表示永远纪念他们。从郝梦龄、佟麟阁、赵登禹、饶国华、刘家麒诸将领到每一个战士，无不给了全中国人民以崇高伟大的模范。中华民族决不是一群绵羊，而是富于民族自尊心与人类正义心的伟大民族……郝梦龄将军等的热血是不会白流的，日本强盗之被赶出中国谁能说不是必然的？"

李棠将军在《抗日参战纪实》中不仅记录了中国将士如何舍生忘死地奋战，而且记录了郝梦龄将军 1937 年 10

月5日于云中河南岸对三二三团军官的训话:"……高级将领应以身作则,先拼死几位做楷模,才可振人心,作士气……。"此次讲话,还是第一次见诸史料。

2. 第一次长沙会战

发生于1939年9—10月间的第一次长沙会战,日寇侵华第十一军兵分三路,即湘北(第六、第十三师团,第三师团一部)、赣北(第一〇六、第一一〇师团各一部),鄂南(第三十三师团),分进直指长沙。鄂南一路计划通过从湖北通城、崇阳间经湖南平江以奇兵奔袭长沙,却在通城、崇阳间的鸡笼山、麦市一线遭遇第一四〇师的坚决抵抗。日寇第三十三师团的正面进攻,自9月22日至25日,达四日之久,未能越雷池一步。日寇不得已转从左翼突破,26日凌晨攻克第一四〇师的右邻第一三三师的苦竹岭阵地奔向桃树港,企图绕过第一四〇师直扑平江。第一四〇师主动攻击,向右后旋转兵力,攻占要道上的南楼岭阵地,继续侧击袭扰日寇,使其不能遂行奔袭,致使日寇的三路合击少了一路,为第一次长沙大捷奠定了基础。战后第一四〇师获奖官兵达一百九十五人之多,师长李棠将军也获二等宝鼎勋章。军委会战后考核评语称:"第一四〇师确保九岭一带原阵地,三面受敌,独立支持,并断敌归路、补给,稳定鄂南全般战局。"

3. 冬季攻势

1939年9月1日,德国进攻波兰,英法对德宣战,第二次世界大战欧洲战区战争正式爆发。蒋介石认为,国际形势大好,抗战已到了胜利的大转机,为了给予日军更大消耗，决定发动全面的冬季攻势。

在第九战区 1939 年 12 月到次年 1 月的冬季攻势中，第一四〇师与友军配合，向占据通城、高冲等地的日寇展开攻击。在完全没有攻坚武器的情况下，第一四〇的官兵以保家卫国的豪情，以凌厉无前、有我无敌的英勇牺牲精神，在枪林弹雨下舍身逼近敌碉堡，直接向碉堡的枪眼中塞手榴弹强攻。其壮烈牺牲的英雄业绩，感动了通城人民。《通城县志》中，记载了一四〇师的英勇无畏、奋斗牺牲和通城人民的敬佩。虽然由于敌我武器装备悬殊，没有直接攻下通城，但是一四〇师和其他参战部队除强攻之外，还应用围点打援的战术，使日军疲于奔命，损失惨重。该师炸毁了铁柱港大桥，使日寇补给困难，为日后我军终于夺回通城，奠定了基础。

4. 第二次长沙会战

自 1938 年以来，日寇侵华主力第十一军与我第九战区在新墙河一带对峙。日寇盘踞的岳阳到长沙之间，有新墙河、汨罗江、捞刀河、浏阳河四条河流。

1941 年 6 月 22 日，苏德战争爆发。日本之前已与苏联签订了《苏日中立条约》。此时日本虽秘密准备对苏战争，但是还是持观望态度，令希特勒颇为失望。新任"中国派遣军"总司令畑俊六就认为，解决中国问题才是日本的根本国策。因此，为摧毁中国的抗战意志，日本决定发动第二次长沙会战（日本代号"加号作战"），企图重创中国的抗战主力军。

前期作战为大云山作战，日寇实行声东击西的战术，

迷惑我军的判断。9月17日，日军突然集中第三、第四、第六、第四十师团，突破新墙河，9月18日抵达汨罗江。日军企图强渡汨罗江，从中央突破，寻机歼灭我第三十七军与第九十九军，或直接由北向南攻占长沙。第九战区于9月18日急调驻地最近的第九十九军和第三十七军第九十五师、第一四〇师，奔赴汨罗江南岸，自西向东一字排开，阻击已过江的日军，争取时间，以使第十军、第二十六军和第七十四军等主力可以长途跋涉参加作战。自9月19日凌晨起，日寇第三师团，后又加第四〇师团第一联队，采取中央突破战术，独向第一四〇师颜家铺到大头岭的阵地猛攻，企图直下长沙。此时，经过一年多整训的第一四〇师，兵强马壮，有战斗员兵一万一千余员，并有一个两千余人的补充团，全师斗志昂扬，誓死完成阻击任务，掘壕固守，绝不退后一步。日寇挟炮空优势，狂轰滥炸，我军毫不示弱，战区配属之博福斯山炮营以及师属迫击炮营，发挥火力，与日寇对峙。全师官兵在炮火连天、枪林弹雨中顽强奋战，许多阵地失而复得、得而复失，反复再三再四。其中五夺兴隆的战例传为佳话。第一四〇师发扬近战夜战的优势，阵地白天失去的，夜晚必须夺回；阵地白天未失的，夜晚也必派小部队摸营，抓俘虏，缴枪械，搜情报。激战四日，阵地岿然不动。日寇正面久攻不下，再行侧攻，于9月23日突破第一四〇师右邻之第三十二师阵地，步骑炮混合纵队兵力万余经双江口、大头岭东侧自北向南然后转西三面包围了第一四〇师，切断了一四〇师的补给线。担任增援第一四〇师任务的第十军第一九〇师也因日寇的突然南进而不得不转战离去。面对北、东、南三面以及空中日寇的疯狂攻击，第一四〇师临危不惧，沉稳应战，并得上级调派第九十五师黄红团增援，又继续坚守了一日，保住了所有阵地。其间，日军曾逼近大头岭师部百米距离，李棠师长毫不惊慌，调动师部卫士、伙夫，亲自上阵将其击退。可惜唯一可与日寇优势炮火抗衡的博福斯山炮营因炮弹告罄而撤出战斗。此时李棠师长判断五日激战，迟滞日军争取时间的任务已经完成。若在三面被围、弹尽粮绝、增援无望的境况中继续坚持，必致全军覆没，非智者所为。乃于23日深夜率部突围，转进明月大山，期能重整旗鼓再战。可惜的是，第十军和第七十四军均未能按照命令如期赶到参战，不但浪费了用无数忠勇将士的鲜血换来的宝贵的时间和战机，反而在无准备的状况下与敌遭遇因而惨败。因此，第二次长沙会战虽然号称大捷，其实是惨胜，日寇虽在付出巨大伤亡后未能完成占领长沙或歼灭第九战区的几支主力部队的计划，我军亦伤亡惨重而没有收到如第一次长沙大捷那样的战果。

5. 第三次长沙会战

1941年12月8日凌晨，日本偷袭轰炸珍珠港，重创美国太平洋舰队，太平洋战争爆发。当天午后，日军又轰炸了美军在菲律宾的克拉克基地，大部分美军飞机被炸毁在机场。12月10日，日军航空兵炸沉三万两千吨的英国战列舰威尔士亲王号和战列巡洋舰反击号。日军当夜又占领关岛，美国驻军投降。12月11日，日军进军马来半岛和菲律宾，同时横扫亚洲的中南半岛。英国在马来亚有三

个印度师、一个英国师、一个澳大利亚师，十万人马，并得到三万英军和七千印军的增援，弹药充足，粮食储备足够三个月以上；麦克阿瑟在菲律宾有十一万两千五百人马；荷兰在东印度（印度尼西亚）也调集了大约两万士兵和四万志愿人员，还有一支舰队。但是日军使用劣势兵力和装备，十个星期就攻陷了"不会被攻陷的新加坡"，二十一个星期击败了麦克阿瑟的"菲美联军"，横扫东南亚，夺取了石油和橡胶等战略资源。这使得长期认为中国军队战力低下、不堪一击的英美，尝到了与日军作战的艰辛。一时之间，长期陷于中国战场泥潭的日军，又尝到了凯歌高奏的兴奋。

12月8日，日军第三十八师团开始进攻香港。为策应此役，日军第十一军发动了针对第九战区的攻势，参加作战的有第三、第六、第四○师团。结果是日军大败亏输。正是英勇奋战的中国军队，一扫德军势如破竹的攻势和日寇轻易击败英美的骄横，为世界反法西斯战争带来一线曙光。此战，我军除采取诱敌深入、包围反击的战术之外，还发动人民战争，空室清野，特别是犁田破路灌水，使得日军机械化装备寸步难行。李棠将军感言，湖南百姓与军队合作无间，对日寇绝不合作。

在1941年12月到次年1月的第三次长沙会战中，第一四○师作为第九战区司令长官薛岳手中的一支奇兵，先是于1941年12月28日奉令紧急出动增援第九十二师，于行军中一举击溃占据新开市的日军，收复新开市，之后又夜袭日寇第三师团，俘虏斩获颇丰，我则无一伤亡。1942

年1月2日再次奉令南进浏阳河北岸,对麇集长沙周围陷入天炉战大网的日军以侧背进击,与第九十二师似两把尖刀直刺日军后背,顿使日寇如芒刺在背、惊慌失措。最后于1942年1月3日奉命放弃追击扩大战果的机会,四日内于犁田破路灌水造成泥泞道路的不利条件下,架桥北渡汨罗江,强行军三百五十华里,由长沙直逼岳阳城下,展开攻城战斗。岳阳是日寇进取中国西南之重镇,其已经经营了三年多,深沟高垒,又新得一旅团增援,日寇更急调航空队战机助战。此次李棠师长奉命指挥第一四〇师,孔荷宠新五十四师和王剪波湖南第二挺进纵队强攻岳阳,着实令主力正从长沙溃逃的日军惊慌失措,风声鹤唳,草木皆兵。不幸又是由于无攻坚武器,虽勉力攻下一些外围据点,终至无功,却也使一向自大的日军心胆破裂。但是放弃溢出追击而仰攻坚城,却使第一四〇师失去了大量歼敌缴获战利品的大好机会。

以上为《抗日参战纪实》所记述的主要战役的背景。其他还有1938年横岭关伏击战等,就不一一详述背景了。至于具体战斗经过,李棠将军在书中有详细记录,任何介绍都无法与他的亲笔记录相比。

第一四〇师在李棠将军的带领下,由一支战绩平平的整编黔军,变为令日寇丧胆的抗日劲旅,正说明了千军易得、一将难求的道理;但在国军内部的宗派倾轧中,李将军难以避免被自己人自毁长城。1943年第九十五师师长罗奇升任第三十七军军长后,于1944年春将第一四〇师指定为后调师,撤销补充团,将两个团分别拨补第六十师和第

九十五师。在同年 8 月，罗奇率三十七军军部和第九十五师入广西作战前，又调走了第一四〇师三个足装步兵连，使得昔日能勇抗日军两个师团进攻的劲旅，衰弱到无法执行正常的作战任务。以后李棠将军代理第三十七军军长，继续作战，利用难得的战时间隙，重新训练，最后在赣江追击战中令第一四〇师再显神威。后薛岳为恢复因失守长沙被撤销番号的第四军，强行编散第三十七军，裁撤第一四〇师，将李棠将军调任第九战区参谋长。其实第一四〇师也是因祸得福，成就为没有任何历史污点的光荣的抗日之师。但由于种种历史原因，其战绩却长期默默无闻。李棠将军的《抗日参战纪实》面世，将使第一四〇师从此彪炳史册，告慰几千名一四〇师麾下英勇牺牲的民族英雄。

最后还要澄清，康振贤在《虎贲独立师——国民革命军第 140 师抗战纪实》一书中对李棠将军的诬蔑为不实之辞。

第一四〇师前身为黔军王家烈第二十五军之侯之但教导师，于 1935 年整编后纳入中央军序列，番号先为新编第二十五师，旋改为第一四〇师。到 1945 年抗日战争胜利解散为止，先后有五任师长，沈久成、王文彦、宋思一、李棠、毛定松。除抗战之外，未参加过其他作战，是一支真正的抗日之师。1937 年后历次参加淞沪会战、徐州会战。宋思一没有实战经验，接任时就诚邀在忻口会战中一战成名的李棠担任副师长，并许诺不久就以师长相让。其后的武汉会战，第一四〇师被认为战斗力差，虽苦战但伤亡惨重，不受上级重视，一度有被拆散补充其他部队的危险。

宋思一发愤练兵，期使第一四〇师成为劲旅，并于1939年7月，终于推荐由李棠接任师长。然后才有了上述的辉煌战绩。

康振贤在所著《虎贲独立师——国民革命军第140师抗战纪实》一书中妄加臆测："李棠能够顺利接上第140师师长一职，并不是因为有了宋思一的推荐，而只是与自己的人脉有关。第九战区最初的人选是赣人盛逢尧，但盛也把这次人事调整当成是陈诚调虎离山的不怀好意，于是辞而不就。而当初宋思一到第140师时，由于缺少自己的班底，老友卫立煌把老乡李棠推荐而来，李棠与第九战区副参谋长赵子立是同事兼陆大同学，私交甚笃，因此在第九战区有较好的人脉"。其实，赵子立当时只是第九战区参谋处副处长，离副参谋长差了好几级，即使是副参谋长，又有多大的人事话语权？他虽曾与李棠同在第五十四师服役，但赵在师军士训练班当主任（1932年6月到1935年12月），李棠是1932年秋到第五十四师第一六二旅的，1933年5月到10月被借调去新疆，重叠期不到三年，且不在一个单位。至于陆军大学同学，李棠1932年在北平的陆军大学研究院第一期毕业，而赵子立1935年末才入已迁至南京的陆军大学本科学习。如此捕风捉影，就成了"私交甚笃"了？事实上李棠将军在派系林立的国民党军队中是一个异数，升迁只靠战功，全无背景依靠。论派系，他非黄埔、非保定，非日本士官，也不是讲武堂出身。论地域，他不是近水楼台的江浙人（蒋介石、陈诚），也不是贵州人（何应钦）。是否是贵州人，在由贵州部队改编的

第一四〇师是十分重要的。第一四〇师五任师长中，只有李棠不是贵州人。

1937年7月7日卢沟桥事变后抗日战争爆发。8月2日，时任第九军第五十四师第一六二旅第三二三团上校团长的李棠奉令在师长、两个旅长都不在的情况下，以资深主官代理师长的身份率全师四个团由贵州遵义出发北上抗日。1937年10月4日率本团到达山西忻口镇之云中河，占领两岸，控制铁路公路，掩护师主力开进。9日开始与进犯日寇之坂垣第五师团接火开战。此后直到11月2日，坚守阵地，令日军第一精锐的主力坂垣第五师团无法越雷池一步。期间10月16日，第九军军长郝梦龄、第五十四师师长刘家麒、独立第五旅旅长郑廷珍同时壮烈牺牲后，受新任师长孔繁瀛指派，李棠任第五十四师前敌总指挥，率领全师在沟壑纵横的黄土高原与日军形成犬牙交错的战线对峙，指挥部距敌只有几十米。每有阵地失陷，必组织强大反击予以夺回。最后只是因为日寇突破娘子关包抄，为避免被日寇全歼才奉令撤退。战后清点，部队损失惨重，全团营长副营长仅存三人，连长仅存四人，排长大半临时升代，士兵健存者三四三人，团部通讯兵、传令兵、伙夫十之八九伤亡。这一段血泪描述，已成经典。但中国军队也给予日寇以重创。据第三二三团战斗中缴获的日军日记记载："坂垣第五师团由秦皇岛登陆，越南口进平型关，下原平，进攻忻口阵地。原每连成员二百四十余人，但经二十多日激烈战斗，伤亡重大。至今已七次增员，其旧有士兵每连健存者只三四十名不等。"足见敌之伤亡，同样重大。正由于此,日后在台湾石牌训练班的日本教官才总结,忻口会战是中国军队武士道精神的最佳体现。日寇在战绩战损统计中常说假话,但是对于中国军队的不屈精神,赞以日本的武士道,应是肺腑之言。而正是忻口这一战之后,李棠将军才因功升任第一六二旅少将旅长,才受宋思一之邀出任第一四〇师副师长,一直到接任师长。哪里是什么人脉关系!

事实上,李棠将军不靠人脉关系,靠的是仁心智勇与战绩,像李棠将军在书中所自述:"顾予早已自决,宁战死沙场,尽我军人天职,断不能畏惧退缩,有辱人格!平生信念如此,故能临危不乱。每当战事局部恶化时,辄能亲临督战,与官兵共生死!似此多能化险为夷,免致溃败。"这才是李棠将军的人格力量,弥足令后人钦敬。

方毅

2014年8月30日

编后记

本书于海南到台湾后即拟着手编著。只以食指繁多,教读工作繁忙,无法着手。是以因循至今。资料既因播迁多有丧失,记忆亦日就淡忘,思之怅然!

综观这十篇纪实,只横岭关与长沙第三次会战为攻击作战。盖因蒋公高瞻远瞩,盱衡中日国力,我以劣势装备,对优势之敌军,非利用地形地物,不足以消耗敌军而减少我军之损害,借以争取时间。此所谓长期抗日战争之方略也。

夫战争原以攻击为取胜之道,但以装备劣势之部队,如贸然采取攻势,终必招致过大伤亡,必难维持长期之战争。殊非以空间换时间之道也。

以长沙三次大捷言,均以相当大部队于新墙河及汨罗江岸,利用地形,采取机动攻防,给敌以相当损害。而后纵敌深入长沙附近捞刀河、浏阳河沿岸,以长沙城堡为核心,予以坚强之堵击,并由四面援军之到来,给予阻击侧击围击。而进犯之敌,在长时期战斗下,后援不继,粮弹匮竭之下,虽有空军支援,亦难逃溃败之厄运。是我以持久消耗击败敌人也。

人称山西人民如绵羊,初则不解。在忻口会战后,因战事推移,往来河津、新降、侯马、横岭关等地,才渐渐了解。当地人民大都良善,政教极易推行。当时为限制敌军机动,命保甲征集民众破坏公路,奉行颇为彻底。但在敌到达后,令民众修复公路时,则亦努力以赴。中国古时所谓"同仇敌忾"心,毫无表现。官吏不知教民,能毋痛心!

湖南百姓与军队合作无间,对日寇绝不合作。

余于民前十三年(1899年)生于桐城栲栳尖东麓,民初入桐城中学读书,秉性淳朴,时排日风炽,尤为青年乐道,每闻日人侮我,辄为哽咽!

毕业后投笔从戎,民国十六年(1927年)考入陆军大学正则班八期毕业,毕业后入陆大研究院第一期深造。

民国二十一年(1932年)五月奉总统蒋公命令任参谋本部一厅上校参谋,是年秋调为第九军第五十四师第一六二旅参谋主任,翌年冬调该旅第三二三团上校团长。民国二十二年(1933年)五月参谋本部次长黄慕松奉命宣慰新疆,借调任上校军事秘书,十月仍回团长原职。民国二十六年(1937年),忻口会战升第一六二旅旅长,翌年冬奉调第九战区第三十七军第一四〇师任副师长,旋升该师师长。民国三十二年(1943年)升中将副军长,次年秋代理第三十七军军长,再次年秋调任第九战区参谋长。民国三十五年(1946年)五月调任徐州"绥靖"公署参谋长,兼第九十九军军长、广州警备司令。民国三十六年(1947年)夏解职返里。

1948年秋奉令任湘赣颚边区绥靖总部中将副总司令,1949年冬任海南防卫第一路中将副司令官。

1950年4月中旬奉密令,弃守海南,缩短防线,固守台澎金马。余于1949年底奉命任海南府城至武昌港间海防

指挥。乃于四月二十四日离开文昌军次,廿六日随军抵武昌港,登接运船团之海湘轮。计在本港口登船者有三二军之五个师另一旅及教导师。在榆林港及另一港口登船者,有第四、第六一、第六二、第六三、第六四军等,全部三十万人以上,分在高雄、基隆、花莲三港口登陆。其海湘轮于五月二日抵基隆港。

五月中旬,奉部令调中将参议,不发眷粮、八折薪。以余在1949年春夏之交,方经衡阳—桂林—独山—贵阳到重庆,而后在昆明于十二月七日上午搭机飞港。九死一生,惊险百出!虽在海南喘息四个月,而眷属亦于四月十三日自南昌抵达海南文昌,一贫如洗。

幸经友人周济,如是借住桃园县龟山街对面山边林姓房三间,养鸡放羊,暂行度日。且戎马半生,已感厌倦!尤以无职将官达一千二百人之多,粥少僧多,当局应感困扰。乃息影山中,放羊喂鸡,不为当道添增困难。

旋复经友人介绍,执教鞭于桃园农业技术职业学院。从此,将卸却戎衣,还我初服。而今卅年于兹矣。回首往日陷阵冲锋,已如烟云过目。不禁唏嘘感慨!而今仍在私立龙华工专教授国文,这是我在台湾之梗概也。

三十年戎马,建白毫无,不唯无以报国,家破人亡!仰面问天,只有痛心疾首而已。

本书编著既成,并蒙冯静仁先生费神校正,至为感谢!

李棠

一九七八年四月

附录

附录一 韵目代日表
附录二 地支纪时法

附录一　韵目代日表

韵目代日表

日期	韵目					日期	韵目			
	上平	下平	上声	去声	入声		上声	去声	入声	替换
1日	东 dōng	先 Xiān	董 dǒng	送 sòng	屋 Wū	16日	铣 xǐ	谏 jiàn	叶 yè	
2日	冬 dōng	萧 Xiāo	肿 zhǒng	宋 sòng	沃 Wò	17日	篠 xiǎo	霰 xiàn	洽 qià	
3日	江 jiāng	肴 Yáo	讲 jiǎng	绛 jiàng	觉 jiào	18日	巧 qiǎo	啸 xiào		
4日	支 zhī	豪 Háo	纸 zhǐ	寘 zhì	质 zhì	19日	皓 hào	效 xiào		
5日	微 wēi	歌 Gē	尾 wěi	未 wèi	物 Wù	20日	哿 gě	号 hào		
6日	鱼 yú	麻 Ma	语 yǔ	御 yù	月 yuè	21日	马 mǎ	箇 Gè		
7日	虞 yú	阳 Yang	麌 yǔ	遇 yù	曷 Hé	22日	养 yǎng	祃 Mà		
8日	齐 qí	庚 Gēng	荠 qí	霁 jì	黠 xiá	23日	梗 gěng	漾 yàng		
9日	佳 jiā	青 Qīng	蟹 xiè	泰 tài	屑 xiè	24日	迥 jiǒng	敬 jìng		
10日	灰 huī	蒸 Zhēng	贿 huì	卦 guà	药 yào	25日	有 yǒu	径 jìng		

续上表

日期	韵目					日期	韵目			
	上平	下平	上声	去声	入声		上声	去声	入声	替换
11日	真 zhēn	尤 yóu	轸 zhěn	队 duì	陌 Mò	26日	寝 qǐn	宥 yòu		
12日	文 wén	侵 qīn	吻 wěn	震 zhèn	锡 Xī	27日	感 gǎn	沁 qìn		
13日	元 yuán	覃 tán	阮 ruǎn	问 wèn	职 zhí	28日	俭 jiǎn	勘 kān		
14日	寒 hán	盐 yán	旱 hàn	愿 yuàn	缉 Jī	29日	赚 xiàn	艳 yàn		
15日	删 shān	咸 xián	潸 shān	翰 hàn	合 Hé	30日		陷		卅
						31日				世、引

附录二　地支纪时法（24小时制）

地支纪时法（24小时制）

子：二十三点至一点；丑：一点至三点；寅：三点至五点；卯：五点至七点；辰：七点至九点；巳：九点至十一点；午：十一点至十三点；未：十三点至十五点；申：十五点至十七点；酉：十七点至十九点；戌：十九点至二十一点；亥：二十一点至二十三点。